PASTA

mehr als 100 Klassiker- und Trend-Rezepte

Inhalt

Typisch italienisch

Die Basisprodukte

Denkt man an Italien, dann unweigerlich auch an Pasta in unzähligen Variationen. Dabei spiegelt die Pasta-Küche nur einen Bruchteil der unendlich raffinierten Cucina italiana wider. Warum sich aber gerade die Nudelgerichte bei uns einen solch guten Namen gemacht haben, ist einfach zu erklären: Erstens ist Pasta zu kochen keine allzu große Kunst und zweitens reichen oft nur ein paar wenige, frische Zutaten aus, um die Pasta so schmecken zu lassen wie im Italienurlaub oder beim Stamm-Italiener um die Ecke. In der Einfachheit der Rezepte und der Zutaten und deren Frische liegt also das Geheimnis, dass Pesto, Sugo und Sauce quasi original gelingen. Ursprünglich wurde in Italien mit Nudeln alles kombiniert, was der jeweilige Landstrich zu bieten hatte: im Norden reichlich Milchprodukte (Milch, Sahne, Käse), Fleisch und Schinken, im Süden viel Gemüse und Hülsenfrüchte, an der Küste Fisch und Meeresfrüchte. Mit Kräutern wird nirgendwo in Italien gespart, auch nicht mit Olivenöl. Eingelegte würzige Zutaten wie Oliven, Kapern, Sardellen und scharfe Peperoni sorgen für reichlich Aroma und werden deshalb gern verwendet. Und das Tüpfelchen auf dem i eines (fast) jeden Nudelgerichts ist der frisch geriebene Parmesan oder Pecorino.

1

TOMATEN (links) sind die Basis vieler Saucen. Ob Fleisch-, Strauch- oder Eiertomaten ist nur eine Frage des Geschmacks. Sie kommen aber nicht nur frisch, sondern auch verarbeitet – getrocknet, geschält oder passiert und konserviert – zum Einsatz.

1 **BASILIKUM** fehlt in fast keinem Pasta-Gericht und ist heute problemlos auch im Supermarkt erhältlich. Das Pesto-Kraut schmeckt frisch-würzig und wird klein geschnitten in Saucen nur kurz mitgegart, sonst verliert es sein intensives Aroma. Dank der hübschen Blattform wird es gern zum Garnieren verwendet.

2 PARMASCHINKEN wird nicht geräuchert, sondern mit Meersalz eingerieben und dann gekühlt etwa zwölf Monate lang luftgetrocknet. Hauchdünn aufgeschnitten entfaltet der Parmaschinken sein Aroma am besten.

3 OLIVENÖL ist in der Pasta-Küche ein echtes Muss. Bestes kalt gepresstes Olivenöl trägt die Bezeichnung »Extra Vergine« bzw. »Nativ Extra«. Ebenfalls von guter Qualität sind »Vergine«- bzw. »Nativ«-Öle.

4 PARMESAN ist ein besonders würziger Hartkäse, der im Original in der Emilia-Romagna produziert wird. Aus Kuhmilch hergestellt, reift er gut und gerne 18 Monate.

5 PEPERONI enthalten den »Scharfmacher« Capsaicin, der hauptsächlich in den Kernen und den inneren Rippen sitzt, die deshalb meist entfernt werden. Wie scharf Pfefferschoten sind, kann man ihnen leider von außen nicht ansehen, deshalb immer sehr vorsichtig dosieren.

6

7

6 KNOBLAUCH ist aus der südländischen Küche nicht wegzudenken. Besonders gut und intensiv schmecken die ganz frischen Knollen.

7 KAPERN, die getrockneten Blütenknospen des Kapernstrauchs, werden in Essig, Öl oder Salzlösung eingelegt und schmecken dadurch herb-würzig. Je kleiner, desto feiner, sagen die Kenner; die großen Kapernäpfel sind dafür echte Hingucker.

ACETO BALSAMICO, auch Balsamessig genannt, wird in der Gegend um Modena aus bestem Weißwein gewonnen. Er reift drei Jahre in speziellen Holzfässern, daher seine Farbe und der würzige Geschmack. Immer beliebter wird weißer Balsamessig, der milder schmeckt und die Gerichte nicht verfärbt.

GORGONZOLA, die italienische Version des Blauschimmelkäses, wird in unterschiedlichen Reifegraden angeboten: von jung (mild) bis alt (sehr würzig). Es gibt ihn auch – besonders cremig – mit Mascarpone gemischt.

SALBEI, eine Würz- und Heilpflanze, die im ganzen Mittelmeerraum verbreitet ist, hat einen sehr intensiven und leicht bitteren Geschmack. Deshalb behutsam dosieren!

Spaghetti & Co.

Verführerische Vielfalt

Nudeln – oder Pasta, wie man in Italien sagt – gibt es in allen erdenklichen Variationen. Es ist zwar weiterhin umstritten, ob die Nudeln in China oder in Italien erfunden wurden. Eindeutig fest steht aber, dass die Italiener die wahren Spezialisten in Sachen Pasta sind: Ob Muscheln, Hörnchen, Öhrchen oder Schnecken – es gibt kaum eine hübsche Form, die sie nicht in Gestalt einer Nudel verewigt hätten. Es soll mehr als 300 verschiedene Pasta-Sorten geben, die in Italien angeboten werden. Bei dieser Fülle verwundert es nicht, dass die Frage »Welche Pasta-Sorte harmoniert am besten mit welcher Sauce« beinahe schon eine Wissenschaft für sich ist. Als Faustregel gilt: je schwerer die Sauce, desto breiter die Nudeln. So sind z. B. bei dunklen Fleischsaucen breite Bandnudeln wie Pappardelle die idealen Begleiter. Auch kurze Nudeln wie Penne oder Rigatoni passen gut zu gehaltvolleren Saucenvarianten mit Fleisch oder Gemüse. Die »Langen«, Makkaroni und Spaghetti, kann man mit fast allen Saucen kombinieren – unübertroffen sind sie mit aromatischen Kräuter- und Tomatensaucen.

1

PAPPARDELLE (links) stammen aus der Toskana und sind unter den verschiedenen flachen Bandnudeln die breitesten.

1 **SPAGHETTI** heißen wörtlich übersetzt »Bindfäden«. Es gibt sie in unterschiedlichen Durchmessern und Längen (Mindestlänge 30 cm). Dünnere Spaghetti werden als Spaghettini oder Vermicelli bezeichnet.

2 **LASAGNEBLÄTTER** gibt es als Fertigprodukt aus Hartweizen (auch mit Spinat grün gefärbt) im Handel. Sie haben den Vorteil, dass man sie nicht vorkochen muss.

3 FUSILLI sehen aus wie kleine Korkenzieher und können wegen ihrer Form cremige Saucen besonders gut aufnehmen.

4 TAGLIATELLE sind die klassischen Teigwaren aus der Gegend um Parma. Die flachen Bandnudeln sind schmaler als Pappardelle und werden oft mit Spinat oder Tomatenmark gefärbt und zu Nestern geformt angeboten.

5 CONCHIGLIE sind Nudeln in Muschelform. Die kleinen nehmen sehr gut Saucen auf, die großen eignen sich vorzüglich zum Füllen und Überbacken.

6 ROTELLE finden häufig als Suppeneinlage Verwendung. Die Nudeln, deren Form an Wagenräder erinnert, werden in unterschiedlichen Größen angeboten.

7 MAKKARONI, lange, röhrenförmige Nudeln, stammen aus Neapel und werden in Italien vor dem Kochen durchgebrochen, da sie sich in ganzer Länge nur schwer essen lassen.

6

7

CANNELLONI kann man ebenso wie Lasagneblätter als Fertigprodukt kaufen. Die großen Nudelröhren werden beliebig gefüllt, mit Sauce übergossen und dann überbacken.

FARFALLE, oder Schmetterlingsnudeln, verdanken ihren Namen ihrer Form. Kleine Farfalline verwendet man gern als Suppeneinlage.

FETTUCCINE, flache Bandnudeln mit einer Breite von ca. 1 cm, sind die römische Variante der Tagliatelle.

LINGUINE und **TRENETTE** sehen fast aus wie Spaghetti, sind aber nicht rund, sondern leicht flach gedrückt.

PENNE, kurze Röhrennudeln mit schräg abgeschnittenen Enden, gibt es mit glatter (Penne lisce) und gerillter (Penne rigate) Oberfläche.

RAVIOLI, gefüllte Teigtäschchen, kann man auch frisch oder getrocknet kaufen – selbst gemacht schmecken sie aber natürlich am besten.

RIGATONI und **TORTIGLIONI** nennt man kurze, dicke Röhrennudeln mit gerillter Oberfläche. Im Unterschied zu den Penne haben sie einen größeren Durchmesser und gerade Enden.

Step by Step
Die wichtigsten Küchentechniken

Das Angebot an fertigen Teigwaren ist riesig, doch selbst gemachte Nudeln schmecken einfach am besten. Das ist zwar mit einigem Aufwand verbunden, lohnt sich aber! Bei der Zubereitung von Nudelteig ist die Qualität des Mehls das A und O. Pasta-Profis verwenden daher Farina di semola fine (gibt es in italienischen Feinkostläden) oder ein anderes griffiges Mehl wie Wiener Griessler. Wer kernige Nudeln bevorzugt, mischt Mehl mit Hartweizengrieß. Pasta-Teig muss immer möglichst dünn ausgerollt werden. Früher geschah dies mit Nudelrolle und Muskelkraft; heute überlässt man diese Arbeit meist der Nudelmaschine. Damit die Nudeln dann al dente, also bissfest, auf den Tisch kommen, ist nicht nur die exakte Garzeit, sondern auch reichlich Wasser nötig. Man rechnet etwa 1 l Wasser pro 100 g Teigwaren. Ein Schuss Öl im Kochwasser verhindert bei selbst gemachter Pasta das Überkochen. Da beim Abschrecken der Nudeln der Stärkefilm zerstört wird, der dafür sorgt, dass die Sauce besser an der Nudeloberfläche haftet, sollte man nur Nudeln abschrecken, die für Salate verwendet werden.

Nudelteig zubereiten

1 Je 150 g Mehl (Type 405) und Hartweizengrieß oder 300 g Mehl mit ½ TL Salz auf der Arbeitsfläche vermischen.

2 In die Mitte des Mehls eine breite Mulde drücken. 3 Eier aufschlagen und zusammen mit 1 EL Öl hineingeben.

3 Mit der Gabel die Eier verquirlen, dabei etwas Mehl vom Rand untermischen. Eventuell etwas Wasser zugeben.

4 Mit den Handballen von außen nach innen so lange durchkneten, bis ein glatter, formbarer Teig entsteht.

5 Der Teig ist optimal, wenn er sich leicht von der Arbeitsfläche löst und die Oberfläche zart glänzt.

6 Den Teig zu einer Kugel formen, mit einem Tuch bedecken und an einem warmen Platz etwa 30 Minuten ruhen lassen.

Nudelteig in Form bringen

1 Auf der bemehlten Arbeitsfläche die Teigkugel von der Mitte aus mit der Nudelrolle dünn ausrollen.

2 Mit der Nudelmaschine die Walzenstärke von Mal zu Mal verringern, bis die gewünschte Teigdicke erreicht ist.

3 Die dünnen Teigplatten mit etwas Mehl bestäuben und (eventuell auf einem Küchentuch) kurz antrocknen lassen.

4 Mit dem entsprechenden Vorsatz für die Nudelmaschine oder mit dem Messer beliebig breite Bandnudeln schneiden.

5 Für Ravioli die Teigplatte zur Hälfte mit Füllung belegen und die zweite Teighälfte darüber klappen.

6 Den Teig um die Füllungen herum andrücken, die Ravioli ausschneiden, die Ränder mit der Gabel zusammendrücken.

Pasta richtig kochen

1 Pro 100 g Pasta etwa 1 l Wasser in einem großen Topf zum Kochen bringen.

2 Pro Liter Wasser 1 leicht gehäuften EL Salz zufügen und die Pasta hineingeben.

3 Beim Garen ab und zu umrühren, damit die Teigwaren nicht aneinander kleben.

4 Die angegebenen Garzeiten auf den Packungen beachten und Garproben machen.

5 Sobald die Nudeln bissfest sind, in ein Sieb abgießen und abtropfen lassen.

6 Nudeln sofort mit der gewünschten Sauce mischen oder in Butter schwenken.

Pasta-Salate

Spaghetti-Salat
mit Kräuter-Sahne-Sauce

Der ideale Snack für laue Sommerabende: Bei diesem pikanten Salat mit vielen frischen Kräutern geraten Pasta-Fans bestimmt ins Schwärmen

Zutaten

250 g **Spaghetti**

Salz

2 **Schalotten**

1 Bund **Estragon**

1 Bund **Dill**

1 Bund **Schnittlauch**

1 kleine unbehandelte **Orange**

200 g saure **Sahne**

2 EL **Zitronensaft**

2 EL **Olivenöl**

Pfeffer aus der Mühle

1 Msp. **Cayennepfeffer**

2 **Knoblauchzehen**

Zubereitung

FÜR 4 PERSONEN

1 Die Spaghetti nach Packungsanweisung in reichlich kochendem Salzwasser bissfest garen. In ein Sieb abgießen, kalt abbrausen und abtropfen lassen.

2 Die Schalotten schälen und fein hacken. Die Kräuter waschen und trockenschütteln. Einige Estragonzweige für die Deko beiseite legen, von den restlichen Zweigen die Blätter abzupfen. Die Dillspitzen ebenfalls abzupfen und mit dem Estragon fein hacken. Den Schnittlauch – bis auf etwa 6 Halme – in feine Röllchen schneiden.

3 Die Orange heiß abwaschen und trockenreiben. Die Hälfte der Schale mit einem Zestenreißer abschälen. Die Frucht halbieren, auspressen und den Saft in einer großen Schüssel mit saurer Sahne, Zitronensaft, Öl, Salz, Pfeffer und Cayennepfeffer zu einem Dressing verrühren. Die Knoblauchzehen schälen und dazupressen.

4 Gehackten Dill und Estragon mit den Schnittlauchröllchen und den Schalottenwürfeln unter das Dressing rühren.

5 Die Spaghetti dazugeben, mit der Sauce mischen und etwa 15 Minuten durchziehen lassen. Den Salat auf einer Platte anrichten und mit den restlichen Kräutern und den Orangenzesten garnieren.

Wer keinen Zestenreißer hat, kann die unbehandelte Orange auch dünn abschälen und anschließend die Schalenstücke mit einem Küchenmesser in feine Streifen schneiden.

Garganelli-Salat
mit Garnelen und Kräutern

Darf es etwas Meer sein? Von Garnelen und Nudeln in würzigem Knoblauch-Kräuter-Öl kann man einfach nicht genug bekommen

Zutaten

300 g **Garganelli**
(ersatzweise Penne)
Salz
200 g **Garnelen** (küchenfertig)
6 EL **Olivenöl**
1 EL **Zitronensaft**
4 **Knoblauchzehen**
2 EL fein gehacktes **Basilikum**
1 TL fein gehackter **Rosmarin**
Pfeffer aus der Mühle

Zubereitung
FÜR 4 PERSONEN

1 Die Garganelli nach Packungsanweisung in reichlich kochendem Salzwasser bissfest garen. In ein Sieb abgießen, kalt abbrausen und abtropfen lassen.

2 Die Garnelen kalt abspülen und trockentupfen. In einer Pfanne 2 EL Öl erhitzen und die Garnelen darin von allen Seiten anbraten, herausnehmen und mit Zitronensaft beträufeln.

3 Die Knoblauchzehen schälen und fein hacken. Das restliche Öl erhitzen und den Knoblauch darin anbraten. Basilikum und Rosmarin untermischen und etwas abkühlen lassen.

4 Die Garganelli mit den Garnelen vermischen. Das Knoblauch-Kräuter-Öl darunter rühren, mit Salz und Pfeffer würzen.

5 Den Nudelsalat nach Belieben mit Rosmarinzweigen, Basilikumblättern und Zitronenscheiben garniert servieren.

Der Knoblauch sollte im heißen Öl unter ständigem Rühren nur kurz angebraten werden, bis er leicht gebräunt ist. Ansonsten besteht die Gefahr, dass er verbrennt und dadurch bitter wird.

Rotelle-Salat
mit Salami und Rucola

Zubereitung
FÜR 4 PERSONEN

1 Die Rotelle nach Packungsanweisung in reichlich kochendem Salzwasser bissfest garen. In ein Sieb abgießen und dabei etwa 1 Tasse vom Kochwasser zurückbehalten. Die Rotelle kalt abbrausen und abtropfen lassen.

2 Vom Scamorza die dünne braune Rinde entfernen und den Käse in kleine Würfel schneiden. Die Salami ebenfalls in kleine Würfel schneiden und beides mit den Nudeln vermischen.

3 Die Mayonnaise mit Senf, Salz und Pfeffer verrühren, Zitronensaft, Meerrettich, Aceto balsamico und Öl hinzufügen. Das Dressing mit den Salatzutaten vermischen. Das Nudelkochwasser unterrühren und den Salat mindestens 30 Minuten durchziehen lassen.

4 Kurz vor dem Servieren die Rucolablätter verlesen, waschen und trockenschütteln. Die Blätter grob zerkleinern und unter den Nudelsalat heben.

Zutaten

250 g **Rotelle rigate** · **Salz**

130 g **Scamorza** oder

1 Kugel **Mozzarella** (ca. 125 g)

80 g **Mailänder Salami**

4 EL **Mayonnaise**

1 TL **Kräutersenf**

Pfeffer aus der Mühle

Saft von 1 **Zitrone**

1 EL geriebener **Meerrettich**

1 EL **Aceto balsamico**

1 EL **Nussöl**

1 Bund **Rucola**

Zutaten

350 g **Farfalle**

Salz

4 **Fleischtomaten**

200 g **Mozzarella**

10 schwarze **Oliven**

(ohne Stein)

1 Bund **Basilikum**

5 EL **Olivenöl**

2 **Knoblauchzehen**

Pfeffer aus der Mühle

Farfalle-Salat

mit Tomaten und Oliven

Zubereitung

FÜR 4 PERSONEN

1 Die Farfalle nach Packungsanweisung in reichlich kochendem Salzwasser bissfest garen. In ein Sieb abgießen, kalt abbrausen und abtropfen lassen.

2 Die Fleischtomaten überbrühen, häuten und entkernen. Das Fruchtfleisch in kleine Würfel schneiden. Den Mozzarella ebenfalls in kleine Würfel schneiden. Die Oliven vierteln. Das Basilikum waschen und trockenschütteln, die Blätter abzupfen und in feine Streifen schneiden.

3 Das Öl in einer tiefen Pfanne erhitzen und die geschälten Knoblauchzehen darin goldbraun braten. Den Knoblauch wieder aus der Pfanne nehmen.

4 Die Farfalle kurz im heißen Knoblauchöl schwenken und in eine große Schüssel geben. Tomaten- und Mozzarellawürfel, Olivenstücke und Basilikum dazugeben und gründlich vermischen. Den Salat mit Salz und Pfeffer pikant abschmecken.

Penne-Salat
mit Salsa verde

Salsa verde, die originale grüne Sauce aus Italien, ist zwar nicht so bekannt wie Pesto, aber mindestens genauso aromatisch

Zutaten

250 g **Penne rigate** · **Salz**

1 Bund **Schnittlauch**

1 Bund **Basilikum**

1 Bund glatte **Petersilie**

je einige Zweige **Oregano**

und **Thymian**

3 EL **Aceto balsamico**

4 EL **Olivenöl**

1 TL mittelscharfer **Senf**

Pfeffer aus der Mühle

2 **Knoblauchzehen**

Zubereitung

FÜR 4 PERSONEN

1 Die Penne nach Packungsanweisung in reichlich kochendem Salzwasser bissfest garen. In ein Sieb abgießen, kalt abbrausen und abtropfen lassen.

2 Den Schnittlauch waschen, trockenschütteln und in kleine Röllchen schneiden. Basilikum, Petersilie, Oregano und Thymian waschen und trockenschütteln. Die Blätter abzupfen und – bis auf einige für die Deko – fein hacken.

3 In einer großen Salatschüssel den Aceto balsamico mit dem Öl, Senf, Salz und Pfeffer zu einem Dressing verrühren. Die Knoblauchzehen schälen und dazupressen.

4 Die gehackten Kräuter ebenfalls unter das Dressing rühren. Nochmals mit Salz und Pfeffer abschmecken.

5 Die Penne in die Schüssel geben, mit dem Kräuterdressing mischen und etwa 15 Minuten durchziehen lassen. Mit den restlichen Kräutern garniert servieren.

Das Aroma von frischen Kräutern kann sich am besten entfalten, wenn man sie mit einem scharfen Messer schneidet. Beim Zerkleinern mit einem Wiegemesser werden die Blätter eher zerquetscht.

Spaghetti-Salat mit Avocado und Garnelen

Ein Hauch von Luxus: Edle Meeresfrüchte sorgen dafür, dass diese extravagante Salatkomposition auch verwöhnte Gaumen begeistert

Zutaten

250 g **Spaghetti**

Salz

2 **Avocados**

Saft von 1 **Zitrone**

1 **Knoblauchzehe**

2 EL **Olivenöl**

Pfeffer aus der Mühle

1 rote **Chilischote**

250 g **Garnelen** (küchenfertig)

3 TL eingelegte

grüne **Pfefferkörner**

Zubereitung

FÜR 4 PERSONEN

1 Die Spaghetti nach Packungsanweisung in reichlich kochendem Salzwasser bissfest garen. In ein Sieb abgießen, kalt abbrausen und abtropfen lassen.

2 Die Avocados der Länge nach halbieren und entkernen. Die Avocadohälften schälen und nochmals halbieren, ein Viertel mit etwas Zitronensaft beträufeln und in den Kühlschrank stellen.

3 Die Knoblauchzehe schälen und mit dem Rest der Avocados, dem Öl und dem übrigen Zitronensaft mit dem Stabmixer pürieren. Die Avocadosauce in eine große Schüssel füllen, salzen und pfeffern.

4 Die Spaghetti unter die Sauce mischen und kurz durchziehen lassen. Inzwischen die Chilischote der Länge nach halbieren, entkernen, waschen und in schmale Streifen schneiden.

5 Die Garnelen kalt abspülen und trockentupfen. Mit den Chilistreifen und den Pfefferkörnern unter die Nudeln mischen.

6 Das restliche Avocadoviertel in Scheiben schneiden. Den Salat anrichten und mit den Avocadoscheiben garnieren.

Grüner Pfeffer besteht aus den unreif geernteten grünen Pfefferfrüchten. Er ist milder im Geschmack als schwarzer Pfeffer und wird entweder eingelegt oder gefriergetrocknet angeboten.

Spanischer Nudelsalat
mit Thunfisch

Zubereitung
FÜR 4 PERSONEN

1 Die Gabelspaghetti nach Packungsanweisung in reichlich kochendem Salzwasser bissfest garen. In ein Sieb abgießen, kalt abbrausen und abtropfen lassen.

2 Die Gurke schälen, halbieren, entkernen und in kleine Würfel schneiden. Paprika längs halbieren, entkernen, waschen und in kleine Würfel schneiden. Thunfisch zerpflücken, das Öl aufheben. Sardellen und Kapern hacken, mit Gemüse und Thunfisch in einer Schüssel vermischen.

3 Die Knoblauchzehe schälen, fein hacken und mit Sherryessig, Salz, Pfeffer, Oliven- und Thunfischöl zu einer Marinade verrühren.

4 Den Nudelsalat gut mit der Marinade vermischen und etwa 30 Minuten ziehen lassen. Kurz vor dem Servieren nochmals mit Salz und Pfeffer abschmecken.

Zutaten

250 g **Gabelspaghetti** · **Salz**

1 kleine **Salatgurke**

je 1 kleine rote und gelbe **Paprikaschote**

1 Dose **Thunfisch** (in Öl)

4–5 **Sardellenfilets** (in Öl)

2 EL kleine **Kapern**

1 **Knoblauchzehe**

2–3 EL **Sherryessig**

Pfeffer aus der Mühle

2 EL **Olivenöl**

Zutaten

250 g **Penne** · **Salz**

1 Dose **Riesenbohnen**

(360 g Abtropfgewicht)

250 g **Mortadella** (in 5 mm dicke

Scheiben geschnitten)

2 **Zwiebeln**

4 Zweige **Bohnenkraut**

3–4 EL **Weißweinessig**

⅛ l **Kalbsfond** · 1 TL **Dijon-Senf**

Pfeffer aus der Mühle

5 EL **Olivenöl**

50 g **Pecorino** (am Stück)

Italienischer Nudelsalat mit Bohnen

Zubereitung

FÜR 4 PERSONEN

1 Die Penne nach Packungsanweisung in reichlich kochendem Salzwasser bissfest garen. In ein Sieb abgießen, kalt abbrausen und abtropfen lassen.

2 Die Bohnen in ein Sieb geben und abtropfen lassen. Die Mortadella in gleichmäßig große Würfel schneiden. Zwiebeln schälen und in feine Würfel schneiden. Das Bohnenkraut waschen und trockenschütteln. Die Blättchen abzupfen und fein hacken.

3 Für die Marinade Essig, Kalbsfond, Senf, Salz und Pfeffer mit dem Schneebesen verrühren. Dann nach und nach das Öl unterschlagen.

4 Die Marinade gut mit den Salatzutaten mischen und den Salat mindestens 1 Stunde ziehen lassen. Den Salat vor dem Servieren nochmals mit Salz und Pfeffer pikant abschmecken und den Pecorino mit einem Sparschäler darüber hobeln.

Farfalle-Salat
mit Gemüse und Hähnchen

Wie wär's mit Schmetterlingen im Bauch? In diesen Salat mit buntem Gemüse und saftigem Hähnchenfleisch kann man sich wirklich verlieben

Zutaten

400 g **Hähnchenbrustfilet**

Salz · **Pfeffer** aus der Mühle

2 EL **Butterschmalz**

1 **Möhre**

1 rote **Paprikaschote**

2 Stangen **Staudensellerie**

100 g **Erbsen** (tiefgekühlt)

400 g bunte **Farfalle**

6 EL **Olivenöl**

2 EL **Aceto balsamico**

2 EL gehackte **Petersilie**

Zubereitung

FÜR 4 PERSONEN

1 Hähnchenbrustfilet in mundgerechte Würfel schneiden, salzen, pfeffern und im heißen Butterschmalz etwa 6 Minuten unter Rühren braten. Die Pfanne vom Herd nehmen.

2 Möhre schälen und in Scheiben schneiden. Die Paprikaschote längs halbieren, entkernen, waschen und in kleine Würfel schneiden. Den Staudensellerie putzen, waschen und in Scheiben schneiden.

3 Reichlich Salzwasser zum Kochen bringen und das vorbereitete Gemüse mit den Erbsen etwa 6 Minuten lang darin blanchieren. Gemüse in ein Sieb abgießen und gut abtropfen lassen.

4 Die Farfalle nach Packungsanweisung in reichlich kochendem Salzwasser bissfest garen. In ein Sieb abgießen, kalt abbrausen und abtropfen lassen.

5 Das Öl in einer großen Pfanne erhitzen und das Gemüse kurz darin schwenken. Salzen, pfeffern und den Aceto balsamico dazugeben. Das lauwarme Hähnchenfleisch, die Nudeln und die gehackte Petersilie untermischen.

Sehr dicke Selleriestangen können in den Längsrippen harte Fäden enthalten. Deshalb beim Putzen der Stangen das Ende abschneiden und dabei die Fäden von unten nach oben abziehen.

Spaghetti
mit würziger Vinaigrette

Sauer macht lustig! Hier gibt eine Vinaigrette auf Limettenbasis den Nudeln das nötige Aroma, für **Schärfe** sorgen grüne Chilis

Zutaten

1 kg **Tomaten**

1 grüne **Peperoni**

2 Bund **Koriander**

3 **Limetten**

16 grüne **Oliven** (ohne Stein)

4 EL **Olivenöl**

8 **Knoblauchzehen**

Salz · **Pfeffer** aus der Mühle

400 g **Spaghetti**

kleine grüne **Chilischoten**

Zubereitung

FÜR 4 PERSONEN

1 Die Tomaten überbrühen, häuten, entkernen und in Würfel schneiden. Die Peperoni längs halbieren, entkernen, waschen und in feine Streifen schneiden.

2 Den Koriander waschen, trockenschütteln und die Blätter – bis auf einige für die Deko – fein hacken. Eine Limette auspressen, die anderen heiß abwaschen, trockenreiben und in Stücke schneiden.

3 Oliven, gehackten Koriander und Peperoni mit dem Limettensaft und dem Öl gut vermischen. Die Knoblauchzehen schälen und dazupressen. Die Tomatenwürfel untermischen, salzen und pfeffern und 30 Minuten ziehen lassen.

4 Die Spaghetti nach Packungsanweisung in reichlich kochendem Salzwasser bissfest garen. In ein Sieb abgießen, kalt abbrausen und abtropfen lassen. Mit der Vinaigrette vermischen und auf Tellern anrichten. Mit Koriander, Limettenstücken und nach Belieben mit gewaschenen grünen Chilischoten garniert servieren.

Hat man größere Mengen Knoblauchzehen zu schälen, kann man sie mit heißem Wasser übergießen und kurz ziehen lassen. Sie lassen sich dann ganz leicht aus den Schalen drücken.

Fusilli-Salat
mit Kichererbsen

Zubereitung
FÜR 4 PERSONEN

1 Kichererbsen über Nacht in kaltem Wasser einweichen. Etwa 2 Stunden bei schwacher Hitze in leicht gesalzenem Wasser garen, abgießen und abtropfen lassen. Die Fusilli in reichlich kochendem Salzwasser bissfest garen, in ein Sieb abgießen, dabei etwas Kochwasser auffangen.

2 Paprika- und Chilischoten längs halbieren, entkernen und waschen. Die Paprikaschoten in etwa 1 cm große, die Chilischote in feine Würfel schneiden. Die Zwiebel schälen und ebenfalls in Würfel schneiden. Salbei waschen und trockenschütteln, die Blätter in Streifen schneiden.

3 Zwiebeln im heißen Schmalz glasig dünsten. Paprika und Chili ebenfalls andünsten, salzen und pfeffern. Den Wein angießen und offen köcheln lassen, bis die Flüssigkeit verdampft ist. Salbei und Kichererbsen unterrühren. Essig, Salz, Pfeffer, Öl und Nudelwasser verrühren. Die Zutaten mit der Sauce vermischen, mit Petersilie bestreuen.

Zutaten

80 g **Kichererbsen** · **Salz**

300 g **Fusilli**

2 rote **Paprikaschoten**

1 grüne **Chilischote**

1 **Zwiebel**

½ Bund **Salbei**

1 EL **Butterschmalz**

Pfeffer aus der Mühle

⅛ l trockener **Weißwein**

2 EL **Rotweinessig**

4 EL **Olivenöl**

1 EL fein gehackte **Petersilie**

Zutaten

350 g **Pappardelle** · **Salz**

2 **Zucchini**

½ Bund **Frühlingszwiebeln**

2 EL **Olivenöl**

Saft von 1 **Zitrone**

Pfeffer aus der Mühle

2 EL **Pinienkerne**

75 g **Schafskäse**

1 Bund **Rucola**

12 schwarze **Oliven** (ohne Stein)

Pappardelle mit Schafskäse und Zucchini

Zubereitung

FÜR 4 PERSONEN

1 Die Pappardelle nach Packungsanweisung in reichlich kochendem Salzwasser bissfest garen. In ein Sieb abgießen und abtropfen lassen.

2 Zucchini und Frühlingszwiebeln putzen, waschen und in Stücke schneiden. Das Öl in einer Pfanne erhitzen, Zucchini und Frühlingszwiebeln darin 5 Minuten dünsten. Mit Zitronensaft, Salz und Pfeffer würzen.

3 Die Pinienkerne in einer Pfanne ohne Fett anrösten. Den Schafskäse würfeln. Den Rucola verlesen, waschen und trockenschütteln. Gemüse, Schafskäse, Rucola, Oliven und Pappardelle gründlich vermischen, mit Salz und Pfeffer abschmecken und mit den gerösteten Pinienkernen bestreut servieren.

Spaghetti-Salat
mit Thunfischsauce

Da lacht das Schlemmerherz – ein raffinierter bunter Sommersalat, schnell zubereitet und so richtig zum Sattessen

Zutaten

250 g **Spaghetti** · **Salz**

500 g grüne **Bohnen**

1 Bund **Frühlingszwiebeln**

1 Dose **Thunfisch** (im eigenen Saft)

10 **Kirschtomaten**

2 EL **Weißweinessig**

5 EL **Olivenöl**

1 TL scharfer **Senf**

2 EL **Crème fraîche**

Pfeffer aus der Mühle

Zucker

1 EL getrockneter **Thymian**

1 **Zitrone**

Zubereitung

FÜR 4 PERSONEN

1 Die Spaghetti nach Packungsanweisung in reichlich kochendem Salzwasser bissfest garen. In ein Sieb abgießen, kalt abbrausen und abtropfen lassen.

2 Von den Bohnen die Enden abknipsen und dabei eventuell vorhandene Fäden aus der Naht abziehen. Die Bohnen waschen, in größere Stücke brechen und in reichlich kochendem Salzwasser etwa 10 Minuten garen.

3 Die Frühlingszwiebeln putzen, waschen und in feine Ringe schneiden. Den Thunfisch abtropfen lassen und in kleine Stücke zupfen. Die Kirschtomaten waschen und vierteln.

4 Essig, Öl, Senf und Crème fraîche zu einem Dressing verrühren, mit Salz, Pfeffer und Zucker abschmecken.

5 Die Bohnen in ein Sieb abgießen, abtropfen lassen und sofort mit dem Dressing vermischen. Den Thymian und die Tomaten- und Thunfischstücke unterheben.

6 Die Spaghetti auf eine große Platte geben, die Thunfisch-Bohnen-Mischung darauf anrichten. Die Zitrone achteln und den Salat mit den Zitronenspalten garniert servieren.

Tortiglioni-Salat
mit Tintenfisch

Das schmeckt nach Sommer: Bei Tintenfisch, Sardellen und Knoblauch werden Erinnerungen an Urlaubstage im sonnigen Süden wach

Zutaten

250 g **Tortiglioni** (oder andere kurze Röhrennudeln)

Salz

2 rote **Paprikaschoten**

1 **Knoblauchzehe**

4 **Sardellenfilets** (in Öl)

5 EL **Olivenöl**

Saft von 1 kleinen **Zitrone**

1 EL getrockneter **Oregano**

Pfeffer aus der Mühle

450 g **Tintenfischtuben** (küchenfertig)

1 Bund **Basilikum**

Zubereitung

FÜR 4 PERSONEN

1 Die Tortiglioni nach Packungsanweisung in reichlich kochendem Salzwasser bissfest garen. In ein Sieb abgießen, kalt abbrausen und abtropfen lassen.

2 Den Backofengrill einschalten. Die Paprikaschoten längs halbieren, entkernen, waschen und mit der Haut nach oben auf den Rost oder das Backblech legen. Die Paprikahälften im Backofen auf der mittleren Schiene etwa 10 Minuten garen, bis die Haut braun wird und Blasen wirft. Die Paprikaschoten etwas abkühlen lassen, häuten und in gleichmäßige schmale Streifen schneiden.

3 Die Knoblauchzehe schälen und mit den Sardellenfilets, 3 EL Öl, dem Zitronensaft und Oregano in einen Rührbecher geben. Mit dem Stabmixer pürieren und die Sauce in eine große Schüssel füllen, mit wenig Salz und Pfeffer würzen.

4 Die Tintenfischtuben waschen, trockentupfen und in Ringe schneiden. Das restliche Öl in einer Pfanne erhitzen. Die Tintenfischringe darin kurz anbraten. Mit Salz und Pfeffer würzen und etwas abkühlen lassen. Tintenfischringe, Paprikastreifen und Tortiglioni in die Schüssel geben und gründlich mit der Sauce vermischen.

5 Das Basilikum waschen und trockenschütteln. Die Blätter von den Stielen zupfen und – bis auf einige für die Deko – fein hacken. Die gehackten Basilikumblätter unter den Salat mischen. Den Salat auf einer Platte anrichten und mit dem restlichen Basilikum garniert servieren.

Garganelli-Salat mit Brokkoli und Thunfisch

Zubereitung

FÜR 4 PERSONEN

1 Die Garganelli nach Packungsanweisung in reichlich kochendem Salzwasser bissfest garen. In ein Sieb abgießen, kalt abbrausen und abtropfen lassen.

2 Thunfisch in Stücke teilen. Brokkoliröschen in kochendem Salzwasser 7 Minuten blanchieren, eiskalt abschrecken und abtropfen lassen. Tomaten waschen und in kleine Spalten schneiden, dabei die Stielansätze entfernen. Schalotte und Knoblauchzehe schälen und fein hacken.

3 Das Öl in einer Pfanne erhitzen, den Knoblauch und die Schalotten darin glasig dünsten. Die Brokkoliröschen und die Tomatenstücke dazugeben und kurz mitdünsten.

4 Die Nudeln mit dem Brokkoli und den Tomaten mischen, mit Salz, Pfeffer und Essig würzen. Die Thunfischstücke unterheben und den Salat mindestens 30 Minuten durchziehen lassen. Mit geriebenem Parmesan und Basilikumstreifen servieren.

Zutaten

250 g **Garganelli** (oder Penne rigate)

Salz · 1 Dose **Thunfisch** (im eigenen Saft)

250 g **Brokkoliröschen**

250 g **Tomaten** · 1 **Schalotte**

1 **Knoblauchzehe** · 3 EL **Olivenöl**

Pfeffer aus der Mühle

1 EL **Weißweinessig**

50 g frisch geriebener **Parmesan**

einige **Basilikumblätter**

(in feine Streifen geschnitten)

Zutaten

350 g **Spaghetti**

Salz

2 rote **Paprikaschoten**

4 **Kartoffeln**

9 EL **Olivenöl**

400 g junger **Spinat**

80 g schwarze **Oliven** (ohne Stein)

2 EL **Aceto balsamico**

1 TL mittelscharfer **Senf**

2 **Knoblauchzehen**

Pfeffer aus der Mühle

Spaghetti-Salat mit Spinat und Kartoffeln

Zubereitung

FÜR 4 PERSONEN

1 Die Spaghetti nach Packungsanweisung bissfest garen. In ein Sieb abgießen, kalt abbrausen und abtropfen lassen.

2 Die Paprikaschoten längs halbieren, entkernen, waschen und in grobe Stücke schneiden. Die Kartoffeln schälen, waschen und in feine Würfel schneiden.

3 3 EL Öl erhitzen und die Kartoffelwürfel darin unter Rühren anbraten. Paprika dazugeben und mitbraten.

4 Den Spinat putzen, waschen und in kochendem Salzwasser blanchieren. Abgießen, eiskalt abschrecken und gut abtropfen lassen. Die Oliven halbieren. Alle Zutaten für den Salat in einer großen Schüssel vermischen.

5 Für das Dressing den Aceto balsamico mit Senf und Salz verrühren. Die Knoblauchzehen schälen und dazupressen. Das restliche Öl unterschlagen, das Dressing mit Pfeffer würzen und über den Salat träufeln.

Fusilli-Salat
mit Radicchio

Ein Salat, der nach Urlaub schmeckt: Diese raffinierte Pasta-Kreation mit Radicchio, Salami und Mozzarella ist der Hit auf jeder Sommerparty

Zutaten

250 g **Fusilli** · **Salz**

100 g **Salami** (in Scheiben)

6 eingelegte grüne **Peperoni**

4 Stangen **Staudensellerie** (mit Grün)

1 Kopf **Radicchio**

1 Kugel **Mozzarella** (ca. 125 g)

1 **Zwiebel**

4 EL **Weißweinessig**

5 EL **Olivenöl**

Pfeffer aus der Mühle

2 **Knoblauchzehen**

100 g schwarze **Oliven** (ohne Stein)

Zubereitung

FÜR 4 PERSONEN

1 Die Fusilli nach Packungsanweisung in reichlich kochendem Salzwasser bissfest garen. In ein Sieb abgießen, kalt abbrausen und abtropfen lassen.

2 Die Salami in dünne Streifen schneiden. Die Peperoni waschen und in Ringe schneiden. Den Staudensellerie putzen und waschen. Das Grün für die Deko beiseite legen, die Selleriestangen in feine Scheiben schneiden.

3 Den Radicchio putzen, in einzelne Blätter teilen, waschen und trockenschleudern. Den Mozzarella in kleine Würfel schneiden. Die Zwiebel schälen und fein hacken.

4 Essig, Öl, Salz und Pfeffer in einer großen Schüssel mit dem Schneebesen zu einem Dressing verrühren. Die Knoblauchzehen schälen und dazupressen.

5 Die Salamistreifen, die Peperoniringe, die Selleriescheiben, die gehackten Zwiebeln, die Oliven und die Hälfte der Mozzarellawürfel mit den Nudeln zu dem Dressing in die Schüssel geben und gut vermischen.

6 Den Pasta-Salat mit den Radicchioblättern und dem Selleriegrün anrichten, mit den restlichen Mozzarellawürfeln bestreuen und servieren.

Pasta für Eilige

Spaghetti mit Knoblauch-Öl-Sauce

Herrlich duftend und mit einem Hauch von Schärfe: Knoblauch, Chilischote, Petersilie und Olivenöl sind das perfekte Quartett zu langen dünnen Nudeln

Zutaten

500 g **Spaghetti**

Salz

½ Bund glatte **Petersilie**

3 **Knoblauchzehen**

1 rote **Chilischote**

75 ml **Olivenöl**

Pfeffer aus der Mühle

Zubereitung

FÜR 4 PERSONEN

1 Die Spaghetti nach Packungsanweisung in reichlich kochendem Salzwasser bissfest garen. In ein Sieb abgießen und abtropfen lassen.

2 Inzwischen die Petersilie waschen und trockenschütteln. Die Blätter von den Stielen zupfen und in Streifen schneiden.

3 Die Knoblauchzehen schälen und in sehr dünne Scheiben schneiden. Die Chilischote längs halbieren, entkernen, waschen und in sehr feine Streifen schneiden.

4 Das Öl erhitzen. Die Knoblauchscheiben, Chili- und Petersilienstreifen kurz darin schwenken und die abgetropften Nudeln untermischen. Vor dem Servieren mit Salz und Pfeffer abschmecken.

Wer es nicht ganz so scharf liebt, sollte die Chilischote halbieren, 2 Minuten im heißen Olivenöl schwenken und dann wieder herausnehmen, bevor die restlichen Zutaten im Öl gebraten werden.

Tagliatelle
mit kalter Tomatensauce

Willkommene Abwechslung: Die frische Tomatensauce muss nicht gekocht werden – Voraussetzung allerdings sind beste, voll ausgereifte Tomaten

Zutaten

4 **Fleischtomaten**

4 **Knoblauchzehen**

2 Stiele **Basilikum**

8 EL **Olivenöl**

Salz

Pfeffer aus der Mühle

400 g **Tagliatelle**

Zubereitung

FÜR 4 PERSONEN

1 Die Tomaten waschen, halbieren und in kleine Würfel schneiden, dabei die Stielansätze entfernen. Die Tomatenwürfel in eine Schüssel geben.

2 Die Knoblauchzehen schälen und zu den Tomaten pressen. Das Basilikum waschen und trockenschütteln. Die Blätter abzupfen und für die Deko beiseite legen.

3 Das Öl gut unter die Tomaten rühren und alles mit Salz und Pfeffer würzen.

4 Die Tagliatelle nach Packungsanweisung in reichlich kochendem Salzwasser bissfest garen. In ein Sieb abgießen und abtropfen lassen. Mit der kalten Tomatensauce mischen, auf Tellern verteilen und mit Basilikumblättern garniert servieren.

Je länger diese Tomatensauce steht, desto mehr Flüssigkeit zieht sie. Wer das nicht so gern mag, entkernt die Tomaten vor dem Kleinschneiden oder nimmt von vornherein die kernarmen Eiertomaten.

Tortellini
mit Schinken-Sahne-Sauce

Zarter Gaumenschmeichler: Eine sahnige Verführung aus dem Norden Italiens, die zwar nicht ganz kalorienarm, aber einfach unschlagbar lecker ist

Zutaten

500 g frische **Tortellini** (aus dem Kühlregal)

150 g gekochter **Schinken** (in Scheiben)

250 g **Erbsen** (tiefgekühlt)

200 g **Sahne**

Salz · **Pfeffer** aus der Mühle

4 EL frisch geriebener **Parmesan**

glatte **Petersilie** zum Garnieren

Zubereitung
FÜR 4 PERSONEN

1 Die Tortellini nach Packungsanweisung in reichlich kochendem Salzwasser bissfest garen.

2 Inzwischen die Schinkenscheiben in kleine Quadrate schneiden.

3 Die tiefgefrorenen Erbsen etwa 4 Minuten vor Garzeitende in den Topf zu den Tortellini geben. Tortellini und Erbsen in ein Sieb abgießen und kurz abtropfen lassen.

4 Gefüllte Nudeln und Erbsen in den Topf zurückgeben, den Schinken untermischen und die Sahne dazugießen. Mit Salz und Pfeffer würzen, gut verrühren und kurz erhitzen.

5 Die Tortellini auf vorgewärmten Tellern verteilen und mit geriebenem Parmesan bestreut und Petersilie garniert servieren.

Frische Tortellini gibt es inzwischen in jedem Supermarkt in der Kühltheke: weiß oder grün, mit Fleisch, Käse oder Ricotta und Spinat gefüllt. In italienischen Feinkostläden ist die Auswahl noch größer.

Spaghetti alla carbonara

Zubereitung

FÜR 4 PERSONEN

1 Die Spaghetti nach Packungsanweisung in reichlich kochendem Salzwasser bissfest garen.

2 Den Speck in kleine Würfel schneiden. Die Knoblauchzehe schälen und in einem großen Topf im Öl goldbraun braten. Herausnehmen und die Speckwürfel im Öl glasig braten.

3 Eigelb und Sahne mit der Hälfte des Parmesans mit dem Schneebesen verquirlen.

4 Die Spaghetti in ein Sieb abgießen und abtropfen lassen. Zu den Speckwürfeln geben, beides gut miteinander vermischen, vom Herd nehmen und erst dann die Eigelbmischung unterziehen.

5 Spaghetti auf Tellern verteilen, kräftig pfeffern und mit dem restlichen Parmesan bestreut servieren.

Zutaten

350 g **Spaghetti** · **Salz**

100 g durchwachsener **Räucherspeck**

1 **Knoblauchzehe**

1 EL **Olivenöl**

4 **Eigelb**

4 EL **Sahne**

80 g frisch geriebener **Parmesan**

Pfeffer aus der Mühle

Zutaten

2 **Knoblauchzehen**

150 g schwarze **Oliven** (ohne Stein)

1 EL **Kapern**

80 ml **Olivenöl**

1 TL **Zitronensaft**

Salz · **Pfeffer** aus der Mühle

1 **Fleischtomate**

½ Bund **Basilikum**

400 g **Spaghetti**

4 EL frisch geriebener **Parmesan**

Spaghetti mit Olivenpaste

Zubereitung

FÜR 4 PERSONEN

1 Die Knoblauchzehen schälen. Die Oliven grob zerkleinern und beides mit den Kapern im Blitzhacker oder mit dem Stabmixer fein pürieren.

2 Nach und nach das Öl dazugeben und die Paste mit Zitronensaft, Salz und Pfeffer abschmecken.

3 Die Fleischtomate überbrühen, häuten und entkernen. Das Fruchtfleisch in kleine Würfel schneiden. Das Basilikum waschen und trockenschütteln, die Blätter abzupfen und in feine Streifen schneiden. Einige Blätter für die Deko beiseite legen.

4 Die Spaghetti nach Packungsanweisung in reichlich kochendem Salzwasser bissfest garen. In ein Sieb abgießen und abtropfen lassen. Die Spaghetti mit Olivenpaste, Tomatenwürfeln und Basilikumstreifen mischen und mit Parmesan bestreut servieren.

Linguine
mit Gemüsestreifen

Geht wirklich **ruck, zuck:** Lange Pasta und fein geschnittenes Gemüse werden gemeinsam auf den Punkt gegart und **würzig** mariniert

Zutaten

1 **Zucchino** · 1 **Möhre**

2 **Petersilienwurzeln**

1 Stange **Lauch**

2 EL **Weißweinessig**

Salz · **Pfeffer** aus der Mühle

400 g **Linguine**

6 EL passierte **Tomaten** (Fertigprodukt)

½ TL **Paprikapulver**

2 EL **Butter**

150 g **Emmentaler** (am Stück)

Zubereitung

FÜR 4 PERSONEN

1 Den Zucchino putzen, waschen und längs in dünne Streifen hobeln, dann quer in dünne Streifen schneiden. Möhre und Petersilienwurzeln putzen, schälen und längs in Scheiben hobeln, dann ebenfalls quer in dünne Streifen schneiden.

2 Den Lauch längs halbieren, waschen und die Hälften quer in Streifen schneiden.

3 Reichlich Salzwasser mit dem Essig zum Kochen bringen und die Nudeln samt Gemüsestreifen darin etwa 7 Minuten bissfest garen. In ein Sieb abgießen und kurz abtropfen lassen.

4 Die Gemüsenudeln in einer vorgewärmten Schüssel mit Salz und Pfeffer würzen. Die passierten Tomaten, das Paprikapulver und die Butter gut untermischen.

5 Die Gemüsenudeln auf Tellern verteilen und den Emmentaler mit dem Sparschäler in dünnen Spänen über das Gericht hobeln.

Petersilienwurzeln haben ein feines, leicht süßliches Aroma. Alternativ kann man Pastinaken verwenden, die im Geschmack sehr ähnlich sind. Ein kräftig schmeckender Ersatz ist Knollensellerie.

Kräuternudeln
mit Knoblauch

Würzig und blitzschnell zubereitet: Nudel-Fans, die auch frische Kräuter lieben, kommen hier voll und ganz auf ihre Kosten

Zutaten

je 1 Bund **Basilikum** und **Dill**

je ½ Bund glatte **Petersilie**

und **Schnittlauch**

500 g **Hörnchennudeln**

Salz

8 EL **Olivenöl**

3 **Knoblauchzehen**

100 g frisch geriebener **Parmesan**

Zubereitung
FÜR 4 PERSONEN

1 Die Kräuter waschen und trockenschütteln. Die Blätter von den Stielen zupfen und möglichst fein hacken bzw. die Schnittlauchhalme in Röllchen schneiden.

2 Die Hörnchennudeln nach Packungsanweisung in reichlich kochendem Salzwasser bissfest garen. In ein Sieb abgießen und gut abtropfen lassen.

3 Inzwischen in einer großen Pfanne das Öl bei mittlerer Hitze erwärmen. Die Knoblauchzehen schälen und klein schneiden. Mit den Kräutern in die Pfanne geben und anbraten. Die Hitze reduzieren und die Kräuter ständig umrühren, damit sie nicht anbrennen.

4 Die Nudeln dazugeben, kurz erwärmen und die Mischung in eine vorgewärmte Schüssel geben, den Parmesan darüber streuen. Die Kräuternudeln nach Belieben mit Kapuzinerkresseblüten garnieren.

Dazu passt ein frischer Blattsalat. Wenn es noch schneller gehen soll, können Sie die Nudeln auch mit fertigem Pesto aus dem Glas verrühren oder mit gemischten Tiefkühlkräutern zubereiten.

Tagliatelle
mit Zitronenschale

Sinnbild für Frische: Kenner verwenden in der Küche nicht nur den Saft von Zitronen, sondern vor allem auch die Schale, die ein Top-Aroma hat

Zutaten

1 **Schalotte**

1 **Knoblauchzehe**

1 EL **Butter**

2 EL **Mehl**

1/4 l **Geflügelbrühe**

3 EL **Sahne**

Salz · **Pfeffer** aus der Mühle

200 g **Tagliatelle**

1 Bund **Zitronenmelisse**

abgeriebene Schale von 1 unbehandelten **Zitrone**

1 Streifen unbehandelte **Zitronenschale**

Zubereitung

FÜR 4 PERSONEN

1 Schalotte und Knoblauchzehe schälen und beides fein hacken.

2 Die Butter in einem kleinen Topf erhitzen, Schalotte und Knoblauch darin glasig dünsten. Das Mehl darüber stäuben, kurz mitdünsten, mit Brühe und Sahne ablöschen und unter Rühren aufkochen lassen.

3 Die Sauce mit Salz und Pfeffer würzen und etwa 10 Minuten lang bei schwacher Hitze köcheln lassen, dabei gelegentlich umrühren.

4 Die Tagliatelle nach Packungsanweisung in reichlich kochendem Salzwasser bissfest garen.

5 Die Zitronenmelisse waschen, die Blättchen abzupfen und – bis auf einige für die Deko – fein hacken. Zitronenmelisse und abgeriebene Zitronenschale unter die Sauce rühren und mit Salz und Pfeffer abschmecken.

6 Das Zitronenschalenstück in sehr feine Streifen schneiden. Die Nudeln in ein Sieb abgießen und abtropfen lassen. Die Tagliatelle mit der Sauce mischen und mit Zitronenmelisseblättchen und Zitronenschalenstreifen garniert servieren.

Spaghetti mit Paprikasauce

Zubereitung

FÜR 4 PERSONEN

1 Die Zwiebeln und die Knoblauchzehen schälen und fein hacken. Das Öl in einem Topf erhitzen, Zwiebel- und Knoblauchwürfel darin andünsten.

2 Die Paprikaschoten längs halbieren, entkernen, waschen und in kleine Würfel schneiden. In den Topf geben und kurz mitdünsten. Die passierten Tomaten dazugeben, mit Salz, Pfeffer und Oregano würzen und 10 Minuten zugedeckt köcheln lassen.

3 Die Spaghetti nach Packungsanweisung in reichlich kochendem Salzwasser bissfest garen. In ein Sieb abgießen und gut abtropfen lassen.

4 Die Paprikasauce nach Belieben mit dem Stabmixer etwas pürieren und unter die Spaghetti mischen. Die Nudeln auf vorgewärmten Tellern verteilen und sofort servieren.

Zutaten

2 **Zwiebeln**

2 **Knoblauchzehen**

2 EL **Olivenöl**

4 kleine gelbe **Paprikaschoten**

500 g passierte **Tomaten** (Fertigprodukt)

Salz · **Pfeffer** aus der Mühle

1 TL getrockneter **Oregano**

400 g **Spaghetti**

Zutaten

1 Bund **Frühlingszwiebeln**

1 unbehandelte **Zitrone**

400 g **Spaghetti**

Salz

1 EL **Butter**

150 g **Schafskäse**

200 g **Sahne**

Pfeffer aus der Mühle

Spaghetti mit Schafskäse

Zubereitung

FÜR 4 PERSONEN

1 Die Frühlingszwiebeln putzen und waschen. Die Hälfte der Frühlingszwiebeln in Ringe, den Rest längs in schmale Streifen schneiden.

2 Die Zitrone heiß waschen und halbieren. Eine Hälfte auspressen, die andere in dünne Scheiben schneiden.

3 Die Spaghetti nach Packungsanweisung in reichlich kochendem Salzwasser bissfest garen.

4 Inzwischen die Butter in einer Pfanne erhitzen, die Frühlingszwiebelstreifen darin andünsten. Den grob zerkleinerten Schafskäse – bis auf 3 EL – mit der Sahne und 1 EL Zitronensaft mit dem Stabmixer pürieren. Die Käsesahne in die Pfanne geben, unterrühren und kurz köcheln lassen.

5 Die Sauce mit Salz und Pfeffer abschmecken und mit den abgetropften Nudeln anrichten. Mit Zwiebelringen, Zitronenscheiben und dem restlichen Schafskäse garnieren.

Orecchiette
mit Bohnen und Basilikum

Nudeln und Hülsenfrüchte, das ist typisch italienisch. Knuspriger Speck, Zwiebeln und ein Hauch Schärfe vollenden diesen Sattmacher-Salat

Zutaten

75 g magerer **Bauchspeck**

2 kleine Dosen weiße **Bohnen** (Abtropfgewicht 250 g)

3 **Zwiebeln** · 1 **Knoblauchzehe**

1/4 l **Gemüsebrühe**

Saft von 1 **Zitrone**

2 TL abgeriebene unbehandelte **Zitronenschale**

3 EL fein gehacktes **Basilikum**

Salz · **Pfeffer** aus der Mühle

1 Msp. **Sambal Oelek**

400 g **Orecchiette**

Basilikumblätter zum Garnieren

Zubereitung

FÜR 4 PERSONEN

1. Den Speck in dünne Streifen schneiden und in einer Pfanne ohne Fett bei schwacher Hitze knusprig auslassen. Die Bohnen in ein Sieb abgießen und gut abtropfen lassen.
2. Die Zwiebeln schälen, halbieren und in feine Halbringe schneiden. Die Knoblauchzehe schälen und fein hacken.
3. Zwiebeln und Knoblauch zum Speck in die Pfanne geben und unter Rühren glasig braten.
4. Abgetropfte Bohnen, die Gemüsebrühe, Zitronensaft und -schale sowie das gehackte Basilikum mit in die Pfanne geben und alles etwa 7 Minuten sanft köcheln lassen. Die Bohnensauce mit Salz, Pfeffer und Sambal Oelek abschmecken.
5. Die Orecchiette nach Packungsanweisung in reichlich kochendem Salzwasser bissfest garen. In ein Sieb abgießen, abtropfen lassen.
6. Die Orecchiette mit der Bohnen-Basilikum-Sauce mischen, auf vorgewärmten Tellern verteilen und mit den Basilikumblättern garniert servieren.

Penne rigate
mit Gorgonzolasauce

So einfach und doch so gut: Das große Plus dieser blitzschnellen Pasta-Sauce ist der würzige Käsegeschmack, den Kenner so lieben

Zutaten

350 g **Penne rigate**

Salz

150 g **Gorgonzola dolce**

250 g **Sahne**

1 TL **Aceto balsamico**

Pfeffer aus der Mühle

Zubereitung

FÜR 4 PERSONEN

1 Die Penne nach Packungsanweisung in reichlich kochendem Salzwasser bissfest garen.

2 In der Zwischenzeit den Gorgonzola mit der Sahne in einen kleinen Topf geben und unter Rühren bei schwacher Hitze erst schmelzen lassen, dann sämig einkochen lassen.

3 Die Gorgonzolasauce mit Aceto balsamico, etwas Salz und frisch gemahlenem Pfeffer abschmecken und mit dem Stabmixer schaumig aufschlagen.

4 Die Penne in ein Sieb abgießen und gut abtropfen lassen. Die Nudeln mit der Sauce mischen, auf vorgewärmten tiefen Tellern verteilen und sofort servieren.

Diese kräftige Gorgonzolasauce passt übrigens auch ausgezeichnet zu Tortellini, Spaghetti und Gnocchi. Reste der Sauce kann man – mit etwas Gemüsebrühe gestreckt – als Suppe servieren.

Pasta mit Gemüse & Käse

Spaghettini
mit getrockneten Tomaten

Ein Pasta-Gericht, das süchtig macht: Sonnenverwöhnte Tomaten und frischer Portulak sorgen für ein einzigartiges Aroma

Zutaten

400 g **Frühlingszwiebeln**

3 **Knoblauchzehen**

200 g getrocknete **Tomaten** (in Öl)

400 g **Spaghettini**

Salz

4 EL **Olivenöl**

Pfeffer aus der Mühle

80 g **Portulak**

50 g **Pecorino** (am Stück)

Zubereitung

FÜR 4 PERSONEN

1 Die Frühlingszwiebeln putzen, waschen und in feine Röllchen schneiden.

2 Die Knoblauchzehen schälen und fein hacken. Die getrockneten Tomaten auf Küchenpapier abtropfen lassen und in feine Streifen schneiden.

3 Die Spaghettini nach Packungsanweisung in reichlich kochendem Salzwasser bissfest garen.

4 Inzwischen das Öl in einem großen Topf erhitzen. Den Knoblauch, die getrockneten Tomaten und die Frühlingszwiebeln darin etwa 8 Minuten dünsten, mit Salz und Pfeffer würzen.

5 Den Portulak waschen, trockenschütteln und die Blätter abzupfen. Die Spaghettini in ein Sieb abgießen und abtropfen lassen. Im Topf mit den Tomaten mischen und kurz erhitzen. Mit dem Portulak garnieren und den Pecorino darüber hobeln.

Portulakblätter sollten möglichst frisch verwendet und nicht erhitzt werden. Da das Kraut leicht salzig schmeckt, empfiehlt es sich, die Pasta-Sauce nur vorsichtig zu würzen.

Pappardelle
mit gemischten Pilzen

Eine Pasta-Idee mit Pfiff: Pappardelle, kombiniert mit aromatischen Pilzen – davon können Nudel-Fans mit Sicherheit nicht genug bekommen

Zutaten

300 g **Shiitake-Pilze**

300 g **Champignons**

2 kleine **Schalotten**

4 EL **Olivenöl**

1 **Knoblauchzehe**

400 g **Pappardelle**

Salz · **Pfeffer** aus der Mühle

½ Bund glatte **Petersilie**

Zubereitung
FÜR 4 PERSONEN

1 Die Shiitake-Pilze und die Champignons putzen und halbieren bzw. in Scheiben schneiden. Die Schalotten schälen und in feine Würfel schneiden.

2 Das Öl in einem Topf erhitzen und die Schalottenwürfel darin glasig dünsten. Die Knoblauchzehe schälen und dazupressen. Die Pilze hinzufügen und einige Minuten bei schwacher Hitze mitdünsten. Mit Salz und Pfeffer würzen.

3 Die Pappardelle nach Packungsanweisung in reichlich kochendem Salzwasser bissfest garen. In ein Sieb abgießen und gut abtropfen lassen.

4 Die Petersilie waschen und trockenschütteln, die Blätter von den Stielen zupfen. Einige Blätter für die Deko beiseite legen, den Rest fein hacken.

5 Die abgetropften Pappardelle mit den Pilzen und der gehackten Petersilie mischen. Die Nudeln mit grob gemahlenem Pfeffer bestreuen und mit Petersilienblättern garniert servieren.

Natürlich können Sie die Bandnudeln auch mit anderen Pilzsorten zubereiten. Noch cremiger wird die Pasta, wenn Sie einige Esslöffel Sahne zum Schluss dazugeben und Parmesan darüber reiben.

Farfalle

mit Sauerampfersauce

Pasta-Fantasie in Grün und Weiß: Sauerampfer und Schmetterlingsnudeln verbinden sich zu einem extravaganten Frühlingsgericht

Zutaten

1 große **Salatgurke**

50 g **Sauerampfer**

400 g **Farfalle**

Salz

2 EL **Butter**

4 EL geschälte **Pistazien**

150 g **Sahnejoghurt**

2 EL **Limettensaft**

Pfeffer aus der Mühle

1 unbehandelte **Limette**

Zubereitung

FÜR 4 PERSONEN

1 Die Gurke waschen, längs halbieren und entkernen. Das Fruchtfleisch in feine Streifen schneiden. Den Sauerampfer waschen und trockenschütteln. Einige Blätter für die Deko beiseite legen, den Rest in sehr feine Streifen schneiden.

2 Die Farfalle nach Packungsanweisung in reichlich kochendem Salzwasser bissfest garen.

3 Inzwischen die Butter in einer großen Pfanne erhitzen und die Gurkenstreifen darin 5 Minuten dünsten. Die Pistazien im Blitzhacker mahlen. Mit dem Sahnejoghurt und dem Limettensaft vermischen und unter die Gurkenstreifen rühren. Mit Salz und Pfeffer kräftig abschmecken.

4 Die Farfalle in ein Sieb abgießen, abtropfen lassen und mit der Joghurtsauce mischen. Mit den beiseite gelegten Sauerampferblättern auf Tellern anrichten und die Sauerampferstreifen darüber streuen. Die Limette heiß abwaschen, trockenreiben und in Spalten schneiden. Die Farfalle mit den Limettenspalten und nach Belieben mit einigen Limettenzesten garniert servieren.

Die klein geschnittenen Sauerampferblätter können ihr feines, erfrischendes Aroma noch besser entfalten, wenn sie vor dem Servieren kurz in heißem Öl angedünstet werden.

Orecchiette
mit Rucola und Käse

Zubereitung
FÜR 2 PERSONEN

1 Die Orecchiette nach Packungsanweisung in reichlich kochendem Salzwasser bissfest garen.

2 Inzwischen den Rucola verlesen, waschen, trockenschütteln und grob zerkleinern. Die Zwiebeln schälen, halbieren und der Länge nach in feine Spalten schneiden.

3 Die Knoblauchzehe schälen, fein hacken und in dem heißen Öl glasig dünsten.

4 Die Zwiebeln einige Minuten mitdünsten, zwei Drittel des Rucolas dazugeben und ebenfalls kurz mitdünsten. Den Ricotta unterrühren und einmal aufkochen lassen.

5 Den Scamorza grob reiben. Die Orecchiette in ein Sieb abgießen, abtropfen lassen und unter die Sauce mischen. Den restlichen Rucola und den Scamorza über die Nudeln geben, mit grob gemahlenem Pfeffer bestreut servieren.

Zutaten

400 g **Orecchiette** · **Salz**

1 Bund **Rucola**

2 rote **Zwiebeln**

1 **Knoblauchzehe**

3 EL **Olivenöl**

100 g **Ricotta**

100 g **Scamorza** (ersatzweise Mozzarella)

Pfeffer aus der Mühle

Zutaten

400 g **Rigatoni** · **Salz**

1 mittelgroße **Aubergine**

2 **Knoblauchzehen**

1 rote **Chilischote**

150 g geschälte **Tomaten** (aus der Dose)

4 EL **Olivenöl**

Pfeffer aus der Mühle

2 EL fein geschnittenes **Basilikum**

50 g fein gehobelter **Parmesan**

Rigatoni mit Auberginen

Zubereitung

FÜR 4 PERSONEN

1 Die Rigatoni nach Packungsanweisung in reichlich kochendem Salzwasser bissfest garen.

2 Inzwischen die Aubergine putzen und waschen. Zuerst der Länge nach in etwa 1 cm breite Scheiben, dann in Würfel schneiden. Die Knoblauchzehen schälen. Die Chilischote längs halbieren, entkernen und waschen. Beides fein hacken. Die Dosentomaten grob zerdrücken.

3 Das Öl erhitzen und die Auberginenwürfel darin unter Rühren goldbraun braten, mit Salz und Pfeffer würzen. Knoblauch, Chili und Tomaten unter die gebratenen Auberginenwürfel mischen und köcheln lassen.

4 Die Nudeln abgießen, abtropfen lassen und mit dem Basilikum unter die Auberginensauce mischen. Mit Parmesan bestreuen, nach Belieben mit Basilikumblättern garnieren.

Spaghetti mit Pilzen und Minze

Eine nicht alltägliche Kombination: Pilze aller Art und frische Minze – diese Gaumenfreude sollte man sich nicht entgehen lassen

Zutaten

600 g gemischte frische **Pilze**
(je nach Saison Shiitake-Pilze, Champignons, Austernpilze, Pfifferlinge oder Steinpilze)
3 Stiele **Minze**
400 g **Spaghetti**
Salz
2 **Schalotten**
4 EL **Olivenöl**
1 **Knoblauchzehe**
Pfeffer aus der Mühle

Zubereitung

FÜR 4 PERSONEN

1 Die Pilze putzen. Kleinere Pilze ganz lassen oder halbieren. Bei größeren Pilzen die Stiele aus den Hüten drehen und klein schneiden. Die Pilzhüte quer in Scheiben schneiden.

2 Die Minze waschen und trockenschütteln, die Blätter von den Stielen zupfen. Einige Blätter für die Deko beiseite legen, den Rest fein hacken.

3 Die Spaghetti nach Packungsanweisung in reichlich kochendem Salzwasser bissfest garen.

4 Inzwischen die Schalotten schälen und fein hacken. Das Öl in einer Pfanne erhitzen und die Schalotten darin glasig dünsten. Die Pilze dazugeben und kurz mitdünsten.

5 Die Knoblauchzehe schälen und dazupressen. Die gehackte Minze hinzufügen und alles einige Minuten bei schwacher Hitze mitgaren lassen. Mit Salz und Pfeffer würzen.

6 Die Spaghetti in ein Sieb abgießen und abtropfen lassen. Mit dem Pilzragout mischen und mit den Minzeblättern garniert servieren.

Fusilli
mit Tomaten und Oliven

Köstlicher Evergreen: Eine würzige Tomatensauce mit Oliven und Basilikum ist als Begleiter zu frisch dampfender Pasta einfach ideal

Zutaten

400 g bunte **Fusilli** · **Salz**

400 g **Tomaten** · 1 **Schalotte**

1 **Knoblauchzehe**

3 EL **Olivenöl**

Pfeffer aus der Mühle

2 TL **Aceto balsamico**

50 g schwarze **Oliven**

½ Bund **Basilikum**

40 g **Parmesan** (am Stück)

Zubereitung

FÜR 4 PERSONEN

1 Die Fusilli nach Packungsanweisung in reichlich kochendem Salzwasser bissfest garen.

2 Inzwischen die Tomaten überbrühen, häuten, vierteln und entkernen, das Fruchtfleisch in Würfel schneiden.

3 Die Schalotte und die Knoblauchzehe schälen und fein hacken. Das Öl erhitzen, Schalotten und Knoblauch darin glasig dünsten. Die Tomaten dazugeben, mit Salz, Pfeffer und Aceto balsamico würzen. Alles zugedeckt bei mittlerer Hitze etwa 8 Minuten köcheln lassen.

4 Die Oliven vierteln und entsteinen. Das Basilikum waschen und trockenschütteln, die Blätter von den Stielen zupfen. Beides unter die Tomatensauce heben.

5 Die Fusilli in ein Sieb abgießen und abtropfen lassen. Mit der Tomatensauce auf Tellern anrichten, den Parmesan mit dem Sparschäler darüber hobeln.

Fusilli sehen aus wie kleine Korkenzieher und können aufgrund ihrer Form besonders gut Sauce aufnehmen. Grüne Fusilli sind mit Spinat gefärbt, orangefarbene mit Tomatenmark.

Makkaroni
mit Spinat und Ricotta

Zubereitung
FÜR 4 PERSONEN

1 Den Spinat putzen und waschen. In kochendem Salzwasser kurz blanchieren, gut ausdrücken und grob hacken.

2 Die Makkaroni nach Packungsanweisung in reichlich kochendem Salzwasser bissfest garen.

3 Inzwischen das Öl in einem Topf erhitzen und den Spinat darin kurz andünsten. Die Knoblauchzehen schälen und dazupressen, mit Salz, Pfeffer und Muskatnuss würzen.

4 Die Rosinen unter den Spinat rühren und kurz mitdünsten. Pinienkerne in einer Pfanne ohne Fett goldbraun rösten.

5 Die Makkaroni in ein Sieb abgießen und abtropfen lassen. In einer vorgewärmten Schüssel mit 1 EL Butter und dem Spinat vermischen.

6 Die Pinienkerne und den grob zerkleinerten Ricotta darüber geben und nochmals alles gut mischen.

Zutaten

450 g junger **Spinat**

Salz

400 g **Makkaroni**

2 EL **Olivenöl**

2 **Knoblauchzehen**

Pfeffer aus der Mühle

frisch geriebene **Muskatnuss**

50 g **Rosinen**

3 EL **Pinienkerne**

1 EL **Butter**

150 g **Ricotta**

Zutaten

12 junge, kleine **Artischocken**

2 **Zucchini**

1 Bund **Petersilie**

4 **Knoblauchzehen**

4 **Schalotten**

250 g **Tagliatelle** · **Salz**

2 EL **Butter**

150 ml **Weißwein**

2 EL **Olivenöl**

12 **Salbeiblätter**

Pfeffer aus der Mühle

Tagliatelle mit Artischocken

Zubereitung

FÜR 4 PERSONEN

1 Artischocken waschen, Stiele und äußere Blätter entfernen. Die Artischocken 12 Minuten kochen, abgießen und längs in Scheiben schneiden. Zucchini putzen, waschen und in Stifte schneiden, Petersilie waschen, trockenschütteln und fein hacken. Die Knoblauchzehen und Schalotten schälen, fein hacken.

2 Tagliatelle nach Packungsanweisung in reichlich kochendem Salzwasser bissfest garen. Die Butter in einer Pfanne erhitzen und die Artischocken darin kräftig anbraten. Zucchini, Schalotten und Knoblauch dazugeben und mitdünsten. Mit dem Weißwein ablöschen. Öl, Salbeiblätter und Petersilie untermischen. Pfanne beiseite stellen.

3 Die Tagliatelle in ein Sieb abgießen, gut abtropfen lassen und zurück in den Topf geben. Die Artischocken und die Sauce unterheben, mit Pfeffer würzen. Die Nudeln auf vorgewärmten Tellern verteilen und sofort servieren.

Spaghetti
mit Tomatenpesto

Paradiesische Zustände: Tomaten und Pasta sind auch bei dieser Pesto-Variante ein fruchtig-feines Duo

Zutaten

400 g **Spaghetti** · **Salz**

½ rote **Peperoni**

2 **Knoblauchzehen**

70 g getrocknete **Tomaten** (in Öl)

50 g **Pecorino** (am Stück)

30 g geschälte, gemahlene **Mandeln**

6 EL **Olivenöl**

Pfeffer aus der Mühle

1 EL **Aceto balsamico**

einige **Basilikumblätter** zum Garnieren

Zubereitung

FÜR 4 PERSONEN

1 Die Spaghetti nach Packungsanweisung in reichlich kochendem Salzwasser bissfest garen.

2 Die Peperoni längs halbieren, entkernen, waschen und fein hacken. Die Knoblauchzehen schälen und hacken. Die getrockneten Tomaten in ein Sieb abgießen, dabei das Öl auffangen. Die Tomaten in Stücke schneiden. Vom Pecorino mit dem Sparschäler einige Späne für die Deko abhobeln und beiseite legen, den restlichen Käse fein reiben.

3 Tomaten, Peperoni, Knoblauch, etwa 2 EL Tomatenöl und die gemahlenen Mandeln im Blitzhacker oder mit dem Stabmixer fein pürieren. Dann den geriebenen Pecorino und nach und nach das Olivenöl untermixen. Das Tomatenpesto mit Salz, Pfeffer und Aceto balsamico abschmecken.

4 Spaghetti abgießen und gut abtropfen lassen. Die Spaghetti wieder in den Topf geben, mit dem Tomatenpesto mischen und auf vorgewärmten Tellern verteilen. Mit Basilikumblättern und Pecorinospänen garniert servieren.

Pesto lässt sich sehr gut in größeren Mengen herstellen. In ein Schraubglas abgefüllt, hält es sich im Kühlschrank mehrere Wochen. Es sollte dabei immer mit einer Schicht Olivenöl bedeckt sein.

Spaghetti
mit Basilikum

Einfach, aber unübertroffen: Würziges Knoblauch-Kräuter-Öl und herzhafter Käse garantieren ein Geschmackserlebnis der besonderen Art

Zutaten

500 g **Spaghetti**

Salz

4 Bund **Basilikum**

2 **Knoblauchzehen**

8 EL **Olivenöl**

Pfeffer aus der Mühle

50 g **Pecorino** (am Stück)

Zubereitung
FÜR 4 PERSONEN

1 Die Spaghetti nach Packungsanweisung in reichlich kochendem Salzwasser bissfest garen.

2 Das Basilikum waschen und trockenschütteln, die Blätter von den Stielen zupfen. Etwa 20 Blätter für die Deko beiseite legen, den Rest in feine Streifen schneiden. Die Knoblauchzehen schälen.

3 Inzwischen 4 EL Öl in einer Pfanne erhitzen, die Basilikumstreifen darin kurz andünsten und den Knoblauch dazupressen.

4 Die Spaghetti in ein Sieb abgießen und abtropfen lassen. In die Pfanne zu dem Knoblauch-Kräuter-Öl geben und gut untermischen. Mit Salz und Pfeffer abschmecken.

5 Das restliche Öl in einer zweiten Pfanne erhitzen, die beiseite gelegten Basilikumblätter darin 1 Minute frittieren. Auf Küchenpapier abtropfen lassen, das Öl zu den Basilikumspaghetti geben.

6 Die Nudeln mit den frittierten Basilikumblättern auf einer Platte anrichten und den Pecorino mit dem Sparschäler darüber hobeln.

Frittierte Kräuterblätter haben ein ganz besonderes Aroma und sind das i-Tüpfelchen auf jedem Gericht. Probieren Sie auch einmal durch Backteig gezogene und dann frittierte Salbeiblätter.

Safrannudeln
mit grünem Gemüse

Zubereitung
FÜR 4 PERSONEN

1 Aus Mehl, Eigelb, Eiern, ½ TL Salz, Safran und 1 EL warmem Wasser einen glatten Teig kneten (siehe Seite 10). Den Teig zu einer Kugel formen und in Frischhaltefolie gewickelt mindestens 30 Minuten ruhen lassen.

2 Inzwischen das Gemüse waschen. Den Brokkoli putzen und in Röschen teilen, den Stiel schälen. Den Zucchino der Länge nach vierteln und in kleine Stücke schneiden. Von den Zuckerschoten die Enden abknipsen. Den Spargel im unteren Drittel schälen und schräg in Stücke schneiden.

3 In einem Topf ausreichend Salzwasser erhitzen und das Gemüse darin nacheinander blanchieren. Eiskalt abschrecken und gut abtropfen lassen.

4 Den Nudelteig dünn ausrollen und in breite Streifen schneiden. In reichlich kochendem Salzwasser bissfest garen und in ein Sieb abgießen. Die Butter in einem Topf aufschäumen und das Gemüse hineingeben. Die Brühe angießen, den Safran dazugeben, salzen und pfeffern. Nudeln, Schnittlauch und Parmesan untermischen.

Zutaten

350 g **Mehl**

4 **Eigelb** · 2 **Eier**

Salz · 1 Msp. gemahlener **Safran**

150 g **Brokkoli**

1 kleiner **Zucchino** · 100 g **Zuckerschoten**

100 g grüner **Spargel**

4 EL **Butter** · 6–8 EL **Gemüsebrühe**

1 Döschen **Safranfäden**

Pfeffer aus der Mühle

einige **Schnittlauchhalme**

50 g frisch geriebener **Parmesan**

Zutaten

6 junge, kleine **Artischocken**

Saft von ½ **Zitrone**

400 g **Penne rigate**

Salz

1 geschälte **Knoblauchzehe**

3 EL **Olivenöl**

2 EL **Butter**

5 EL trockener **Weißwein**

Pfeffer aus der Mühle

2 EL fein gehackte **Petersilie**

50 g frisch geriebener **Parmesan**

Penne rigate mit Artischocken

Zubereitung

FÜR 4 PERSONEN

1 Die Artischocken waschen, Stiele, äußere Blätter sowie die harten Blattspitzen entfernen. Das Heu im Inneren mit einem Löffel entfernen. Die Artischocken in gleichmäßige Scheiben schneiden und sofort in eine Schüssel mit Zitronenwasser legen, damit sie sich nicht verfärben.

2 Die Penne nach Packungsanweisung in reichlich kochendem Salzwasser bissfest garen.

3 Inzwischen den Knoblauch im Öl goldbraun braten. Herausnehmen und die Artischocken bei starker Hitze kräftig anbraten. Butter und Wein dazugeben und bei schwacher Hitze einige Minuten köcheln, salzen und pfeffern.

4 Die Penne in ein Sieb abgießen, abtropfen lassen und zusammen mit der Petersilie unter die Sauce mischen. Mit Parmesan bestreut servieren.

Fettuccine
mit Paprikagemüse

Eine Pasta-Variation, wie sie nicht nur die Sizilianer lieben: Mit Paprikaschoten und frischen Kräutern kommt südliche Sonne auf den Tisch

Zutaten

2 gelbe **Paprikaschoten**

2 rote **Paprikaschoten**

2 **Knoblauchzehen**

1 Bund glatte **Petersilie**

1 Bund **Basilikum**

400 g **Fettuccine**

(oder Tagliatelle)

Salz

1 EL **Butter**

⅛ l **Gemüsebrühe**

⅛ l trockener **Weißwein**

2 EL **Aceto balsamico**

Pfeffer aus der Mühle

Zubereitung

FÜR 4 PERSONEN

1 Die Paprikaschoten längs halbieren, entkernen, waschen und in feine Streifen schneiden. Die Knoblauchzehen schälen, fein hacken.

2 Die Petersilie und das Basilikum waschen und trockenschütteln, die Blätter von den Stielen zupfen. Einige Basilikumblätter für die Deko beiseite legen, den Rest fein hacken.

3 Die Fettuccine nach Packungsanweisung in reichlich kochendem Salzwasser bissfest garen.

4 Inzwischen in einer großen Pfanne die Butter erhitzen, den Knoblauch und die Paprikastreifen darin kurz andünsten. Die Gemüsebrühe und den Weißwein angießen und alles etwa 8 Minuten dünsten. Das Paprikagemüse mit Aceto balsamico würzen und mit Salz und Pfeffer abschmecken.

5 Die Fettuccine in ein Sieb abgießen und abtropfen lassen. Mit dem Paprikagemüse in der Pfanne vermischen und kurz erhitzen. Die gehackten Kräuter unter die Nudelpfanne rühren. Mit den beiseite gelegten Basilikumblättern garniert servieren.

Der würzige, lang gereifte Aceto balsamico eignet sich nicht nur hervorragend zum Verfeinern von Salatdressings. Er verleiht auch deftigen Gemüsesaucen ein ganz besonderes Aroma.

Pappardelle
mit Tomaten-Rucola-Sauce

Ein Klassiker wird variiert: Die beste Basis für eine Vielzahl von Pasta-Saucen ist nach wie vor eine hausgemachte Tomatensauce

Zutaten

300 g **Rucola**

1 kg vollreife **Tomaten**

150 g **Zwiebeln**

2 **Knoblauchzehen**

400 g **Pappardelle**

Salz

3 EL **Olivenöl**

2 EL **Aceto balsamico**

Pfeffer aus der Mühle

Zucker

50 g **Parmesan** (am Stück)

2 EL **Ricotta**

Zubereitung

FÜR 4 PERSONEN

1 Den Rucola verlesen, waschen und trockenschütteln. Die Tomaten überbrühen, häuten, entkernen und in Würfel schneiden.

2 Die Zwiebeln schälen und fein hacken. Die Knoblauchzehen schälen und ebenfalls fein hacken.

3 Die Pappardelle nach Packungsanweisung in reichlich kochendem Salzwasser bissfest garen.

4 Inzwischen das Öl in einer Pfanne erhitzen, die Zwiebeln und den Knoblauch darin glasig dünsten. Die Tomatenwürfel dazugeben und etwa 8 Minuten mitdünsten. Mit Aceto balsamico, Salz, Pfeffer und Zucker abschmecken und warm halten.

5 Den Parmesan mit dem Sparschäler fein hobeln und den Ricotta grob zerkleinern.

6 Die Pappardelle in ein Sieb abgießen, abtropfen lassen und mit der Tomatensauce anrichten. Die Rucolablätter untermischen, mit dem Ricotta und den Parmesanhobeln bestreut servieren.

Sonnenverwöhnte Tomaten geben der Sauce ihren besonderen Geschmack. Im Winter sollten Sie lieber auf Dosentomaten zurückgreifen; sie haben im Vergleich zu frischer Ware das bessere Aroma.

Penne lisce
mit Tomaten und Pesto

Das Original aus Genua: Pinienkerne, Basilikum und Parmesan verbinden sich zu einer Creme, von der nicht nur Norditaliener schwärmen

Zutaten

3 Bund **Basilikum**

4 **Knoblauchzehen**

100 g **Pinienkerne**

75 g frisch geriebener **Parmesan**

Salz

120 ml **Olivenöl**

500 g **Penne lisce**

6 **Tomaten**

Pfeffer aus der Mühle

Zubereitung

FÜR 4 PERSONEN

1 Für das Pesto das Basilikum waschen, trockenschütteln und die Blätter von den Stielen zupfen. 3 Knoblauchzehen schälen und halbieren. Die Basilikumblätter – bis auf einige für die Deko – mit Knoblauch und Pinienkernen im Blitzhacker oder mit dem Stabmixer zerkleinern. 50 g vom Parmesan und 1 Prise Salz hinzufügen, nach und nach 100 ml Öl dazugeben und gut untermischen.

2 Die Penne nach Packungsanweisung in reichlich kochendem Salzwasser bissfest garen.

3 Inzwischen die Tomaten überbrühen, häuten, vierteln und entkernen. Das Fruchtfleisch in kleine Würfel schneiden. Das restliche Öl in einem großen Topf erhitzen, die Tomaten darin dünsten. Die letzte Knoblauchzehe schälen und dazupressen. 6 EL Pesto einrühren, mit Salz und Pfeffer abschmecken.

4 Die Penne in ein Sieb abgießen und abtropfen lassen, zu den Tomaten geben und kurz erwärmen. Mit dem restlichen Parmesan und Basilikumblättern garniert servieren. Das restliche Pesto kühl im Schraubglas aufbewahren.

Die Pinienkerne schmecken noch intensiver, wenn man sie vor der Verwendung in einer Pfanne ohne Fett anröstet. Eine ganz eigene Geschmacksnote bekommt das Pesto durch Walnüsse.

Penne lisce

mit Kräuter-Käse-Sauce

Zubereitung

FÜR 4 PERSONEN

1 Die Petersilie waschen, trockenschütteln und die Blätter von den Stielen zupfen. Einige Blätter für die Deko beiseite legen, den Rest grob hacken. Die Knoblauchzehe schälen und halbieren. Mit der Petersilie, dem Zitronensaft, 3 EL Öl und den Pinienkernen im Blitzhacker oder mit dem Stabmixer zu einer feinen Paste pürieren.

2 Die Penne nach Packungsanweisung in reichlich kochendem Salzwasser bissfest garen.

3 Inzwischen den Gouda grob raspeln und mit der Crème fraîche unter die Kräutersauce rühren. Mit Salz und Pfeffer kräftig würzen. Die beiseite gelegten Petersilienblätter in 4 EL Öl 1 Minute frittieren.

4 Die Penne in ein Sieb abgießen, abtropfen lassen und sofort mit der Käse-Kräuter-Sauce vermischen. Mit den Schnittlauchhalmen und den frittierten Petersilienblättern garniert servieren.

Zutaten

2 Bund glatte **Petersilie**

1 **Knoblauchzehe**

1 EL **Zitronensaft**

7 EL **Olivenöl**

3 EL **Pinienkerne**

400 g **Penne lisce**

Salz

100 g mittelalter **Gouda** (am Stück)

2 EL **Crème fraîche**

Pfeffer aus der Mühle

einige **Schnittlauchhalme** zum Garnieren

Zutaten

250 g braune **Linsen**

2 **Tomaten** · 1 **Möhre**

1 Stange **Staudensellerie**

2 **Knoblauchzehen**

4 EL **Olivenöl**

1 **Zwiebel** (in feine Würfel geschnitten)

1 grüne **Chilischote**

(in feine Streifen geschnitten)

⅛ l trockener **Weißwein**

Salz · **Pfeffer** aus der Mühle

2 EL **Aceto balsamico**

400 g **Linguine** (oder Spaghetti)

1 Bund **Rucola**

Linguine mit Balsamico-Linsen

Zubereitung

FÜR 4 PERSONEN

1 Die Linsen waschen und mit Wasser bedeckt über Nacht einweichen. Das Einweichwasser aufheben.

2 Die Tomaten überbrühen, häuten, entkernen und würfeln. Die Möhre schälen und in feine Würfel schneiden. Die Selleriestange waschen und in feine Scheiben schneiden.

3 Die Knoblauchzehen schälen und fein hacken. Das Öl erhitzen, Zwiebelwürfel, Chilistreifen und Knoblauch darin andünsten. Die Linsen, das Einweichwasser und den Wein hinzufügen und alles 30 Minuten köcheln lassen. 10 Minuten vor Garzeitende das vorbereitete Gemüse dazugeben. Mit Salz, Pfeffer und Aceto balsamico würzen.

4 Die Linguine nach Packungsanweisung in reichlich kochendem Salzwasser bissfest garen. Rucola verlesen, waschen und trockenschleudern. Die Nudeln abgießen und abtropfen lassen, Balsamico-Linsen und Rucola untermischen.

Spaghetti mit sizilianischem Gemüse

Ein buntes Pasta-Vergnügen aus dem Süden Italiens: Geschmorte Paprikaschoten mit feiner Essignote sind bei diesem Rezept der Clou

Zutaten

je 200 g rote, grüne und gelbe **Paprikaschoten**

250 g weiße **Zwiebeln**

4 EL **Olivenöl**

3 EL **Rotweinessig**

240 g geschälte **Tomaten** (aus der Dose)

1 EL **Aceto balsamico**

Zucker · **Salz**

Pfeffer aus der Mühle

400 g **Spaghetti**

4 EL **Kapern**

100 g **Pecorino** (am Stück)

Zubereitung

FÜR 4 PERSONEN

1 Die Paprikaschoten längs halbieren, entkernen, waschen und in etwa 2 cm große Rauten schneiden. Die Zwiebeln schälen und längs in breite Scheiben schneiden.

2 In einem großen Topf das Öl erhitzen, die Zwiebeln und die Paprikastücke darin einige Minuten andünsten. Den Rotweinessig und die Tomaten dazugeben, die Tomaten mit einer Gabel grob zerkleinern. Das Gemüseragout mit Aceto balsamico, Zucker, Salz und Pfeffer kräftig abschmecken.

3 Die Spaghetti nach Packungsanweisung in reichlich kochendem Salzwasser bissfest garen.

4 Inzwischen das Gemüseragout bei kleiner Hitze köcheln lassen. Nach etwa 15 Minuten die Kapern zum Gemüse geben und untermischen. Den Gemüsesugo noch etwas ziehen lassen.

5 Den Pecorino mit dem Sparschäler in feine Späne hobeln. Die Spaghetti in ein Sieb abgießen und abtropfen lassen. Mit dem Gemüsesugo und dem gehobelten Pecorino anrichten und nach Belieben mit einigen frischen Thymianzweigen garnieren.

Noch aromatischer wird der Gemüsesugo, wenn Sie einige getrocknete, in Öl eingelegte Tomaten klein schneiden und unterrühren. Wer es scharf mag, gibt noch eine gehackte rote Chilischote dazu.

Spaghetti
mit Rucolapesto

Gourmets, aufgepasst: Für seine Würze im Salat ist Rucola längst bekannt – fein gehackt als Kräuterpaste zu Nudeln ist er noch ein echter Geheimtipp

Zutaten

1 großes Bund **Rucola**

1 EL **Kapern**

2 EL **Pinienkerne**

5 EL **Olivenöl**

30 g frisch geriebener **Parmesan**

Salz · **Pfeffer** aus der Mühle

200 g grüne **Bohnen**

400 g **Spaghetti**

Zubereitung

FÜR 4 PERSONEN

1 Den Rucola verlesen, waschen und trockenschütteln. Die harten Stiele entfernen, die Blätter grob zerschneiden.

2 Rucola, Kapern, Pinienkerne und Öl im Blitzhacker oder mit dem Stabmixer fein pürieren. Den Parmesan unterrühren und das Pesto mit Salz und Pfeffer würzen.

3 Die Bohnen putzen, waschen und in etwa 3 cm lange Stücke schneiden. Bohnenstücke in Salzwasser etwa 10 Minuten garen. In ein Sieb abgießen, eiskalt abschrecken und abtropfen lassen.

4 Die Spaghetti nach Packungsanweisung in reichlich kochendem Salzwasser bissfest garen. 2 EL Nudelkochwasser unter das Pesto rühren. Die Nudeln in ein Sieb abgießen und abtropfen lassen.

5 Die Spaghetti, die Bohnen und das Rucolapesto gut vermischen, auf vorgewärmten Tellern verteilen und sofort servieren.

Zur Abwechslung kann das Pesto auch mit Haselnüssen oder Cashewkernen zubereitet werden. Ersetzt man etwa 2 EL Olivenöl durch Haselnussöl, wird das Nussaroma zusätzlich intensiviert.

Tagliatelle
mit Mozzarella und Fenchel

Zubereitung
FÜR 4 PERSONEN

1 Den Fenchel putzen, waschen und längs halbieren. Den harten Strunk entfernen und die Hälften quer in feine Streifen schneiden. Das Öl in einer großen Pfanne erhitzen und die Fenchelstreifen darin leicht anbraten. Mit Pernod und Gemüsebrühe aufgießen.

2 Die Crème fraîche und die Zitronenschale dazugeben und alles etwa 8 Minuten köcheln lassen. Mit Salz, Pfeffer und Zitronensaft abschmecken.

3 Die Tagliatelle nach Packungsanweisung in reichlich kochendem Salzwasser bissfest garen. In ein Sieb abgießen und abtropfen lassen.

4 Die Mozzarellakugeln abtropfen lassen und auf dem Fenchel verteilen. Zugedeckt etwa 3 Minuten erwärmen, dann die Zitronenschale wieder herausnehmen. Die abgetropften Tagliatelle mit der Fenchel-Mozzarella-Sauce anrichten. Nach Belieben mit Fenchelgrün garnieren.

Zutaten

2 **Fenchelknollen**

2 EL **Olivenöl**

4 EL **Pernod** (französischer Anislikör)

1/4 l **Gemüsebrühe**

150 g **Crème fraîche**

1 Streifen unbehandelte **Zitronenschale**

Salz · **Pfeffer** aus der Mühle

2 EL **Zitronensaft**

400 g **Tagliatelle**

250 g kleine **Mozzarellakugeln**

Zutaten

¼ l **Gemüsebrühe**

je 250 g **Erbsen** und grüne **Bohnen** (tiefgekühlt)

1 kleines Bund **Minze**

5 EL **Crème fraîche**

2 EL **Limettensaft**

Salz · **Pfeffer** aus der Mühle

400 g **Linguine**

50 g **Parmesan** (am Stück)

Linguine mit Gemüse-Minze-Sauce

Zubereitung

FÜR 4 PERSONEN

1 Die Gemüsebrühe bei mittlerer Hitze aufkochen, die Erbsen und Bohnen darin in 12 Minuten garen. Die Minze waschen und trockenschütteln, einige Blättchen für die Deko beiseite legen, den Rest fein hacken.

2 Die gehackte Minze mit der Crème fraîche zu dem Gemüse geben. Die Gemüsesauce mit Limettensaft, Salz und Pfeffer würzen.

3 Die Linguine nach Packungsanweisung in reichlich kochendem Salzwasser bissfest garen. In ein Sieb abgießen und gut abtropfen lassen.

4 Den Parmesan reiben und unterrühren, die Sauce noch etwa 5 Minuten köcheln lassen. Die abgetropften Linguine mit der Sauce mischen und mit den Minzeblättchen garniert servieren.

Spaghetti
mit Kürbis

Der Herbst lässt grüßen: Dank der knallgelben Kürbisstücke und der grünen Petersiliensauce ist dieses Pasta-Gericht auch ein Farbenfest für die Augen

Zutaten

125 g glatte **Petersilie**

1 **Knoblauchzehe**

40 g frisch geriebener **Parmesan**

125 ml **Sonnenblumenöl**

Salz · **Pfeffer** aus der Mühle

½ **Zwiebel** · 200 g **Kürbisfleisch**

2 TL **Öl**

2 EL **Apfelessig**

2 getrocknete **Tomaten** (in Öl)

200 g **Spaghetti**

2 TL **Kürbiskerne**

20 g **Parmesan** (am Stück)

Zubereitung
FÜR 4 PERSONEN

1 Die Petersilie waschen, trockenschütteln und die Blätter von den Stielen zupfen. Die Knoblauchzehe schälen und grob hacken. Petersilie und Knoblauch im Blitzhacker oder mit dem Stabmixer pürieren, den geriebenen Parmesan und nach und nach das Sonnenblumenöl unterrühren. Mit Salz und Pfeffer abschmecken.

2 Die Zwiebel schälen und fein hacken. Das Kürbisfleisch in große Würfel schneiden. Das Öl in einer Pfanne erhitzen, die Zwiebeln darin andünsten. Kürbisfleisch dazugeben und kurz mitdünsten. Mit dem Apfelessig ablöschen und mit Salz würzen. ⅛ l Wasser dazugießen und zugedeckt etwa 20 Minuten schmoren.

3 Die getrockneten Tomaten in Streifen schneiden. Die Spaghetti nach Packungsanweisung in reichlich kochendem Salzwasser bissfest garen. In ein Sieb abgießen und abtropfen lassen.

4 Zum Servieren Spaghetti und Kürbiswürfel auf vorgewärmten Tellern anrichten, die Petersiliensauce darüber geben und mit den Tomatenstreifen und den Kürbiskernen bestreuen. Den Parmesan mit dem Sparschäler darüber hobeln und servieren.

Pasta mit Fisch & Fleisch

Strozzapreti
mit Lachs-Sahne-Sauce

Für Gäste aufs Beste kombiniert: Nudeln mit Räucherlachs und sahniger Kräutersauce garantieren erlesene Tafelfreuden

Zutaten

400 g **Strozzapreti**
(oder Pennette)
Salz
1 Bund gemischte **Kräuter**
(z. B. Basilikum,
Oregano, Rosmarin)
1 EL **Butter** · 250 g **Sahne**
2 EL **Zitronensaft**
400 g **Räucherlachs**
Pfeffer aus der Mühle

Zubereitung

FÜR 4 PERSONEN

1 Die Strozzapreti nach Packungsanweisung in reichlich kochendem Salzwasser bissfest garen.

2 Inzwischen die Kräuter waschen, trockenschütteln und die Blätter von den Stielen zupfen. Einige Kräuterblätter für die Deko beiseite legen, den Rest in feine Streifen schneiden.

3 Die Butter in einer Pfanne erhitzen. Die Kräuterstreifen darin kurz andünsten. Die Sahne und den Zitronensaft dazugeben und alles etwa 4 Minuten dünsten.

4 Den Räucherlachs in Streifen schneiden und kurz in der Sauce erwärmen. Mit Salz und Pfeffer abschmecken.

5 Die Strozzapreti in ein Sieb abgießen und abtropfen lassen. Mit der Sauce vermischen und mit den Kräuterblättern garniert servieren.

Ein Tipp für festliche Anlässe: Noch edler wird das Gericht, wenn Sie die Kräuter durch Brunnenkresse ersetzen und die angerichteten Nudeln mit Kapuziner-kresseblüten garnieren.

Conchiglie
mit Forelle und Fenchel

Einfach unwiderstehlich: Mit Anisschnaps, Fenchel und Forellenfilet als Begleiter wird aus schlichter Pasta ein verführerisches Gourmetgericht

Zutaten

2 Stangen **Lauch**

1 **Fenchelknolle**

1 Bund **Estragon**

400 g **Conchiglie** (Muschelnudeln)

Salz

2 EL **Butter**

4 EL **Anisschnaps** (z. B. Pernod)

6 EL **Sahne**

4 geräucherte **Forellenfilets** (ca. 500 g)

Pfeffer aus der Mühle

Zubereitung

FÜR 4 PERSONEN

1 Lauch und Fenchel putzen, waschen und in dünne Scheiben schneiden. Das Fenchelgrün für die Deko beiseite legen.

2 Den Estragon waschen und trockenschütteln, die Blätter von den Stielen zupfen. Einige Blätter ebenfalls für die Deko beiseite legen, den Rest fein hacken.

3 Die Conchiglie nach Packungsanweisung in reichlich kochendem Salzwasser bissfest garen.

4 Inzwischen die Butter in einem Topf erhitzen, die Lauch- und Fenchelscheiben darin etwa 4 Minuten dünsten. Den Anisschnaps und die Sahne dazugeben und die Gemüsesauce 5 Minuten bei kleiner Hitze köcheln lassen.

5 Die Forellenfilets schräg in etwa 1 cm breite Stücke schneiden. Die Fischstücke und den gehackten Estragon in die Sauce geben und kurz ziehen lassen, mit Salz und Pfeffer abschmecken.

6 Die Conchiglie in ein Sieb abgießen und abtropfen lassen. Mit der Sauce anrichten und mit dem Fenchelgrün und den Estragonblättern garniert servieren.

Eine raffinierte Variante für das Forellenragout: Statt der Fenchelknolle je 1 Bund Rucola und glatte Petersilie verwenden und die Sauce dann mit Zitronensaft anstelle von Anisschnaps abschmecken.

Spaghetti mit Lachs und Dill

Edelfisch trifft Kräuterduft: Wenn zarter Lachs mit einer cremigen Dill-Sahne-Sauce serviert wird, kann erst recht keiner widerstehen

Zutaten

1 unbehandelte **Zitrone**

½ Bund **Dill**

250 g **Lachsfilet**

400 g **Spaghetti**

Salz

300 g **Sahne**

Pfeffer aus der Mühle

Zubereitung

FÜR 4 PERSONEN

1 Die Zitrone waschen, trockenreiben und von der Hälfte der Zitrone die Schale dünn mit einem Messer abschälen. Die Schale in feine Streifen schneiden. Die Zitrone halbieren und auspressen.

2 Den Dill waschen, trockenschütteln und einige Dillspitzen für die Deko beiseite legen, den Rest fein hacken.

3 Das Lachsfilet waschen, mit Küchenpapier trockentupfen und in Scheiben schneiden.

4 Die Spaghetti nach Packungsanweisung in reichlich kochendem Salzwasser bissfest garen.

5 Sahne mit Salz und Pfeffer in einer Pfanne zum Kochen bringen und 2 bis 3 Minuten kräftig kochen lassen. Die Hitze reduzieren und die Lachsscheiben 2 bis 3 Minuten in der Sahne gar ziehen lassen. Die Sauce mit Salz, Pfeffer und Zitronensaft abschmecken.

6 Die Spaghetti in ein Sieb abgießen, dabei eine kleine Tasse Nudelkochwasser auffangen, und gut abtropfen lassen.

7 Die Spaghetti mit dem gehackten Dill vorsichtig unter die Lachs-Sahne-Sauce ziehen, eventuell etwas Kochwasser untermischen. Die Spaghetti auf vorgewärmten Tellern verteilen, mit den Dillspitzen garnieren und sofort servieren.

Kräuternudeln
mit Fischragout

Das **Auge** isst mit: Ganze Kräuterblättchen im selbst gemachten Nudelteig sind bei diesem Rezept das **Tüpfelchen** auf dem i

Zutaten

300 g **Mehl**

3 **Eigelb** · 1 **Ei**

Salz

einige **Kapuzinerkresse-blüten** und **-blätter**

200 g frisches **Lachsfilet**

4 ausgelöste **Jakobsmuscheln**

6 **Garnelen**

200 ml **Fischfond** · 200 g **Sahne**

Pfeffer aus der Mühle

1 Döschen **Safranfäden**

1 Msp. **Cayennepfeffer**

3 EL **Olivenöl**

2 EL **Noilly Prat** (Wermut)

3 EL **Butter**

Zubereitung

FÜR 4 PERSONEN

1 Aus Mehl, Eigelb, Ei, ½ TL Salz und 1 EL warmem Wasser einen Nudelteig kneten (siehe Seite 10) und mithilfe der Nudelmaschine oder mit dem bemehlten Nudelholz dünn ausrollen.

2 Die Hälfte jedes Nudelstreifens mit Kresseblüten und -blättern belegen, die zweite Hälfte darüber schlagen und noch einmal bei gleicher Stärkeeinstellung durch die Nudelmaschine drehen oder mit dem Nudelholz gleichmäßig ausrollen.

3 Die Teigplatten in etwa 3 cm breite Streifen schneiden. Die Kräuternudeln mit Mehl bestäubt mindestens 30 Minuten ruhen lassen.

4 Für das Fischragout den Lachs in etwa 2 cm große Würfel schneiden. Das Fleisch der Jakobsmuscheln vom Corail trennen und ebenfalls in Würfel schneiden. Die Garnelen aus den Schalen brechen und den schwarzen Darm am Rücken entfernen.

5 Den Fischfond mit Sahne, Pfeffer, Safran und Cayennepfeffer bei starker Hitze sämig einkochen lassen.

6 In einer Pfanne 2 EL Öl erhitzen und die Garnelen darin 2 Minuten anbraten. Jakobsmuscheln und Lachswürfel dazugeben und kurz durchschwenken. Noilly Prat angießen, einkochen lassen und unter die Fischsauce mischen.

7 Die Kräuternudeln in kochendem Salzwasser mit dem restlichen Öl bissfest garen. In ein Sieb abgießen und abtropfen lassen. Die Butter in einem Topf aufschäumen und die Nudeln kurz darin schwenken. Mit dem Fischragout anrichten.

Schwarze Tagliatelle
mit Räucherlachs

Zubereitung
FÜR 4 PERSONEN

1 Die Tagliatelle nach Packungsanweisung in reichlich kochendem Salzwasser bissfest garen.

2 Inzwischen die Sahne, den Noilly Prat und 1 Dillzweig in einem kleinen Topf sämig einkochen lassen. Den Dill wieder herausnehmen und die Sauce mit Salz, Cayennepfeffer und Pfeffer kräftig abschmecken.

3 Den Räucherlachs in feine Streifen schneiden, den restlichen Dill fein hacken und beides unter die Sauce mischen.

4 Die Tagliatelle in ein Sieb abgießen, abtropfen lassen und in eine vorgewärmte Schüssel geben oder auf Pastatellern verteilen. Nudeln mit der Lachs-Sahne-Sauce mischen und sofort servieren.

Zutaten

400 g schwarze **Tagliatelle**

Salz

500 g **Sahne**

40 ml **Noilly Prat** (Wermut)

3 Zweige **Dill**

Cayennepfeffer

Pfeffer aus der Mühle

400 g **Räucherlachs**

Zutaten

1 kg **Venusmuscheln**

150 g **Tomaten**

4 EL **Olivenöl**

2 fein gehackte **Knoblauchzehen**

400 g **Vermicelli**

Salz

½ Bund glatte **Petersilie**

Pfeffer aus der Mühle

Vermicelli mit Venusmuscheln

Zubereitung

FÜR 4 PERSONEN

1 Die Muscheln abbürsten und waschen. Muscheln, die sich beim Waschen öffnen, aussortieren.

2 Die Tomaten überbrühen, häuten, entkernen und würfeln. 2 EL Öl erhitzen und den Knoblauch darin glasig dünsten. Die Muscheln dazugeben und zugedeckt etwa 5 Minuten garen, bis sich die Muscheln öffnen. Geschlossene Muscheln wegwerfen. Die Muscheln auslösen und den Sud durch ein feines Sieb gießen.

3 Die Vermicelli nach Packungsanweisung in reichlich kochendem Salzwasser bissfest garen.

4 Inzwischen die Petersilie waschen, trockenschütteln und die Blätter fein hacken. Das restliche Öl erhitzen und die Tomaten darin andünsten. Die Muscheln, den Sud und die Petersilie hinzufügen, alles etwa 3 Minuten erhitzen, salzen und pfeffern. Die Vermicelli in ein Sieb abgießen, abtropfen lassen und mit der Muschelsauce servieren.

Makkaroni
mit Thunfisch-Zitronen-Sugo

Thymian und Zitrone verleihen dem Thunfisch eine so frische Note, dass man gar nicht glauben kann, dass er aus der Dose stammt

Zutaten

4 EL **Semmelbrösel**

1 Bund **Thymian**

2 **Knoblauchzehen**

2 unbehandelte **Zitronen**

400 g **Makkaroni**

Salz

2 EL **Olivenöl**

2 Dosen **Thunfisch** (in Öl)

4 EL **Kapern**

100 ml **Weißwein**

100 ml **Gemüsebrühe**

Salz

Cayennepfeffer

Zubereitung

FÜR 4 PERSONEN

1 Die Semmelbrösel in einer Pfanne ohne Fett goldbraun rösten und beiseite stellen. Den Thymian waschen, trockenschütteln und die Blättchen von den Stielen zupfen.

2 Die Knoblauchzehen schälen und in feine Scheiben schneiden. Die Zitrone heiß waschen, trockenreiben und die Schale dünn abschälen. Die Zitrone halbieren und den Saft auspressen, die Schale in feine Streifen schneiden.

3 Die Makkaroni nach Packungsanweisung in reichlich kochendem Salzwasser bissfest garen.

4 Das Öl in einer Pfanne erhitzen, den Knoblauch und jeweils die Hälfte des Thymians und der Zitronenschalenstreifen darin unter Rühren etwa 2 Minuten andünsten. Den Thunfisch etwas abtropfen lassen, dazugeben und mit einer Gabel leicht zerdrücken.

5 Kapern, Zitronensaft, Weißwein und die Gemüsebrühe mit in die Pfanne geben und die Sauce 4 Minuten sanft köcheln lassen. Mit Salz und Cayennepfeffer abschmecken.

6 Die Makkaroni in ein Sieb abgießen und abtropfen lassen. Auf vorgewärmten Tellern verteilen und den Thunfisch-Zitronen-Sugo darüber geben. Mit gerösteten Semmelbröseln, restlichen Kräuterblättern und Zitronenschalenstreifen bestreut servieren.

Spaghetti mit Fisch und Petersilie

Für alle Fisch-Fans, die es klassisch lieben: Kurz gebratenes, weißes Fischfilet verdankt Zitrone und Petersilie seine Würze, wem auch sonst?

Zutaten

2 **Knoblauchzehen**

4 getrocknete **Tomaten** (in Öl)

400 g **Fischfilet** (z.B. Kabeljau)

2 EL **Zitronensaft**

Salz

Pfeffer aus der Mühle

1 Bund glatte **Petersilie**

400 g **Spaghetti**

4 EL **Olivenöl**

40 g frisch geriebener **Parmesan**

Zubereitung

FÜR 4 PERSONEN

1. Die Knoblauchzehen schälen und in feine Scheiben schneiden. Die getrockneten Tomaten etwas abtropfen lassen, dann in Streifen schneiden.

2. Das Fischfilet waschen, trockentupfen und in mundgerechte Stücke schneiden. Die Fischstücke mit dem Zitronensaft beträufeln und mit Salz und Pfeffer würzen.

3. Die Petersilie waschen, trockenschütteln und die Blätter von den Stielen zupfen. Einige für die Deko beiseite legen, den Rest grob hacken.

4. Die Spaghetti nach Packungsanweisung in reichlich kochendem Salzwasser bissfest garen.

5. 2 EL Öl in einer großen Pfanne erhitzen und die Fischstücke mit den Knoblauchscheiben darin kurz anbraten. Die getrockneten Tomaten dazugeben und heiß werden lassen.

6. Spaghetti in ein Sieb abgießen, dabei 1 kleine Tasse Nudelkochwasser auffangen, und gut abtropfen lassen.

7. Die Spaghetti und die Petersilie mit in die Pfanne geben und unter den Fisch mischen. Das Nudelkochwasser, das restliche Öl und Pfeffer zugeben, gut unterrühren. Spaghetti auf Tellern verteilen und mit Parmesan bestreut servieren.

Tagliatelle
mit Shrimps und Weißwein

Meereslust pur: Wer Shrimps, Garnelen & Co. mag, für den gehört diese Rezeptkreation bestimmt bald zum Standardrepertoire

Zutaten

300 g **Shrimps**

(küchenfertig, tiefgekühlt)

1 **Schalotte**

½ Bund **Dill**

1 EL **Butter**

100 ml **Weißwein**

100 ml **Gemüsebrühe**

150 g **Crème fraîche**

Salz · **Pfeffer** aus der Mühle

400 g **Tagliatelle**

Zubereitung

FÜR 4 PERSONEN

1 Die Shrimps auftauen lassen. Die Schalotte schälen und sehr feine Würfel schneiden. Den Dill waschen, trockenschütteln, einige Dillspitzen für die Deko beiseite legen, den Rest fein hacken.

2 Die Butter zerlassen und die Schalottenwürfel darin andünsten. Den Weißwein dazugießen und etwas einkochen lassen. Dann die Gemüsebrühe dazugeben. Crème fraîche und die Sahne hineingeben und aufkochen lassen. Die Sauce mit Salz und Pfeffer abschmecken und den gehackten Dill unterrühren.

3 Die Tagliatelle nach Packungsanweisung in reichlich kochendem Salzwasser bissfest garen. Nudeln in ein Sieb abgießen und abtropfen lassen.

4 Die Shrimps in der Sauce erwärmen. Die Sauce mit den Tagliatelle gut vermischen und auf vorgewärmten Tellern verteilen. Mit den Dillspitzen garnieren und sofort servieren.

Zu einem besonderen Anlass kann man auch Riesengarnelen in der Sahnesauce servieren. Für den schmaleren Geldbeutel sind Tiefseegarnelen oder Nordseekrabben eine gute und günstige Alternative.

Pappardelle
mit Putenragout

Ein Saucen-Klassiker, der auch Genießer betört: Putenbrust, mit Rotwein und Steinpilzen geschmort, bringt ein Stück Bella Italia auf den Tisch

Zutaten

15 g getrocknete **Steinpilze**

450 g **Putenbrustfilet**

150 g **Putenlebern**

1 **Zwiebel**

2 **Knoblauchzehen**

400 g **Pappardelle** · **Salz**

2 EL **Olivenöl**

⅛ l **Rotwein**

¼ l **Gemüsebrühe**

1 EL **Tomatenmark**

4 EL **Sahne**

2 Zweige **Rosmarin**

1 TL **Rotweinessig**

Pfeffer aus der Mühle

Zubereitung

FÜR 4 PERSONEN

1 Die getrockneten Steinpilze in einer kleinen Schüssel mit kochendem Wasser übergießen und einige Minuten einweichen. Die Pilze durch ein Sieb abgießen, dabei das Einweichwasser auffangen.

2 Putenbrust und -lebern waschen, mit Küchenpapier trockentupfen und in Scheiben schneiden. Die Zwiebel und die Knoblauchzehen schälen und fein hacken.

3 Die Pappardelle nach Packungsanweisung in reichlich kochendem Salzwasser bissfest garen.

4 Inzwischen das Öl in einem Topf erhitzen. Das Fleisch und die Lebern darin anbraten. Die Zwiebeln, den Knoblauch und die Pilze dazugeben, alles etwa 3 Minuten andünsten.

5 Den Rotwein, die Brühe und etwa ⅛ l Pilzeinweichwasser dazugießen. Das Tomatenmark, die Sahne und 1 Rosmarinzweig hinzufügen und alles weitere 8 Minuten köcheln lassen. Mit Rotweinessig, Salz und Pfeffer abschmecken.

6 Die Pappardelle in ein Sieb abgießen und abtropfen lassen. Mit dem Putenragout anrichten, den Rosmarinzweig vor dem Servieren entfernen. Mit den restlichen Rosmarinnadeln garnieren.

Rotelle
mit Hähnchenbrust

Allein schon die ausgefallene Nudelform macht Appetit – schmackhafte Zutaten und knusprig frittierte Petersilienblätter gibt es als Zugabe

Zutaten

1 große **Zwiebel**

2 Bund glatte **Petersilie**

400 g **Rotelle** · **Salz**

2 **Hähnchenbrustfilets**

6 EL **Olivenöl**

Pfeffer aus der Mühle

1 TL gehackter frischer **Ingwer**

200 ml **Gemüsebrühe**

1 EL **Zitronensaft**

2 EL **Mascarpone**

Zubereitung
FÜR 4 PERSONEN

1 Die Zwiebel schälen und fein hacken. Die Petersilie waschen und trockenschütteln. Einige Stiele für die Deko beiseite legen, von den restlichen Stielen die Blätter abzupfen und fein hacken.

2 Die Rotelle nach Packungsanweisung in reichlich kochendem Salzwasser bissfest garen.

3 Inzwischen die Hähnchenbrustfilets in 2 EL Öl auf beiden Seiten goldbraun braten, mit Salz und Pfeffer würzen.

4 Das Fleisch aus der Pfanne nehmen. Die Zwiebeln und den Ingwer im restlichen Öl dünsten. Die Brühe und den Zitronensaft dazugeben. Den Mascarpone unterrühren und die Sauce etwas einkochen lassen. Mit Salz und Pfeffer würzen, die gehackte Petersilie unterrühren.

5 Die Petersilienstiele kurz im restlichen Öl frittieren. Die Rotelle abgießen und abtropfen lassen. Mit der Sauce, den aufgeschnittenen Hähnchenbrustfilets und der Petersilie anrichten, nach Belieben mit Zitronenzesten garnieren.

Die glatte Petersilie für die Kräuter-Mascarpone-Sauce kann man auch durch die gleiche Menge Basilikum ersetzen. Für die Deko lassen sich die Basilikumblättchen ebenfalls gut frittieren.

Spaghetti mit Ochsenschwanzsugo

Zubereitung

FÜR 4 PERSONEN

1 Möhre, Zwiebel und Knoblauchzehe schälen und in Würfel schneiden. Den Speck in feine Streifen schneiden.

2 Das Butterschmalz in einem Topf erhitzen, die Speckstreifen darin langsam ausbraten. Ochsenschwanzstücke portionsweise dazugeben und rundum kräftig anbraten. Die Gemüsewürfel dazugeben, kurz mitbraten, dann mit Weißwein und Brühe aufgießen. Das Tomatenmark einrühren, mit Salz, Pfeffer und Paprikapulver würzen. Zugedeckt gut 2 Stunden garen.

3 Staudensellerie putzen, waschen und in Scheiben schneiden. Das Fleisch aus der Sauce nehmen, von den Knochen lösen, in kleinere Stücke schneiden und mit dem Staudensellerie zurück in die Sauce geben. Zugedeckt weitere 15 Minuten garen.

4 Die Spaghetti nach Packungsanweisung in reichlich kochendem Salzwasser bissfest garen. In ein Sieb abgießen, abtropfen lassen und mit dem Ragout mischen. Mit Basilikumblättern garniert servieren.

Zutaten

1 **Möhre**

1 **Zwiebel** · 1 **Knoblauchzehe**

50 g durchwachsener **Räucherspeck**

2 EL **Butterschmalz**

400 g **Ochsenschwanz** (in Scheiben)

1/8 l **Weißwein** · 1/4 l **Fleischbrühe**

2 EL **Tomatenmark**

Salz · **Pfeffer** aus der Mühle

Paprikapulver

2 Stangen **Staudensellerie**

400 g **Spaghetti**

einige **Basilikumblätter** zum Garnieren

Zutaten

10 g getrocknete **Steinpilze**

1 **Möhre** · 1 **Zwiebel** · 1 **Knoblauchzehe**

100 g durchwachsener **Räucherspeck**

2 Stangen **Staudensellerie** · 3 EL **Butter**

250 g **Hackfleisch** · 2 EL **Tomatenmark**

Salz · **Pfeffer** aus der Mühle

⅛ l **Fleischbrühe** · ⅛ l **Rotwein**

200 g geschälte **Tomaten** (aus der Dose)

1 TL getrockneter **Thymian**

1 TL getrockneter **Oregano** · 125 g **Sahne**

400 g **Makkaroni**

70 g frisch geriebener **Parmesan**

Makkaroni alla bolognese

Zubereitung

FÜR 4 PERSONEN

1 Die Pilze mit kochendem Wasser übergießen und einige Minuten einweichen. Möhre, Zwiebel und Knoblauchzehe schälen. Ebenso wie den Räucherspeck und die Selleriestangen in kleine Würfel schneiden und in der zerlassenen Butter andünsten. Das Hackfleisch zerpflücken und nach und nach unter Rühren mitbraten.

2 Tomatenmark und die abgetropften, klein geschnittenen Pilze unterrühren. Mit Salz und Pfeffer würzen. Brühe und Wein dazugießen, Tomaten dazugeben und etwas zerdrücken. Thymian und Oregano hinzufügen, einmal aufkochen lassen und zugedeckt bei schwacher Hitze köcheln lassen. Nach etwa 1 Stunde die Sahne unterrühren und ohne Deckel noch 30 Minuten köcheln lassen.

3 Die Makkaroni nach Packungsanweisung in reichlich kochendem Salzwasser bissfest garen. In ein Sieb abgießen und abtropfen lassen, mit Sugo und Parmesan servieren.

Spaghetti mit Parmaschinken

Ein Hochgenuss für Freunde der italienischen Küche: Spaghetti mit dem weltberühmten luftgetrockneten Schinken aus der Emilia-Romagna

Zutaten

400 g **Spaghetti**

Salz

100 g gekochter **Schinken** (am Stück)

150 g **Perlzwiebeln**

1 Bund **Basilikum**

3 EL **Olivenöl**

1 **Knoblauchzehe**

100 g **Parmesan** (am Stück)

100 g **Parmaschinken** (in dünnen Scheiben)

Pfeffer aus der Mühle

Zubereitung

FÜR 4 PERSONEN

1 Die Spaghetti nach Packungsanweisung in reichlich kochendem Salzwasser bissfest garen.

2 Inzwischen den gekochten Schinken in kleine Würfel schneiden. Die Perlzwiebeln schälen. Basilikum waschen, trockenschütteln und die Blätter von den Stielen zupfen. Von den Blättern 2 EL für die Deko beiseite legen, den Rest in Streifen schneiden.

3 Das Öl in einer großen Pfanne erhitzen. Die Schinkenwürfel und die Zwiebeln darin etwa 6 Minuten anbraten. Die Knoblauchzehe schälen, fein hacken und dazugeben.

4 Den Parmesan mit dem Sparschäler in grobe Späne hobeln. Die Spaghetti in ein Sieb abgießen und abtropfen lassen. Mit dem Parmaschinken und den Parmesanspänen – bis auf 2 EL – in die Pfanne geben und untermischen. Alles weitere 3 bis 4 Minuten braten, mit Salz und Pfeffer würzen.

5 Die Basilikumstreifen untermischen. Die Schinkenspaghetti mit den restlichen Basilikumblättern und dem übrigen Parmesan bestreut servieren.

Farfalle
mit Erbsen und Speck

Aber bitte ohne Sahne! Der altbekannte Pasta-Hit mit Erbsen und Schinken oder Speck präsentiert sich hier von seiner schlanken Seite

Zutaten

150 g geräucherter magerer **Bauchspeck**

½ Bund glatte **Petersilie**

350 g **Farfalle**

150 g **Erbsen** (tiefgekühlt)

Salz

2 EL **Olivenöl**

Pfeffer aus der Mühle

Zubereitung

FÜR 4 PERSONEN

1 Den geräucherten Speck erst in Scheiben, dann in Streifen schneiden. Die Petersilie waschen und trockenschütteln, die Blätter von den Stielen zupfen und grob hacken.

2 Die Farfalle nach Packungsanweisung in reichlich kochendem Salzwasser bissfest garen. Die Erbsen in den letzten 4 Minuten der Garzeit dazugeben.

3 Das Öl in einer großen Pfanne erhitzen, die Speckstreifen darin knusprig braten.

4 Die Farfalle mit den Erbsen in ein Sieb abgießen und gut abtropfen lassen. In die Pfanne zum Speck geben, salzen und kräftig pfeffern, die gehackte Petersilie unterrühren und gut mischen. Die Farfalle auf vorgewärmten Tellern verteilen und sofort servieren.

Ganz besonders würzig und original schmeckt's dann, wenn man Pancetta, den gerollten, mit Kräutern aromatisierten und luftgetrockneten Bauchspeck, für das Rezept verwendet.

Spaghetti mit Zitronen-Lamm-Ragout

Ein Klassiker mit neuer Frische: Sanft geschmortes Lammfleisch wird hier mit Zitronensaft und knackigem Löwenzahn kombiniert

Zutaten

400 g **Lammfleisch**

(aus der Keule)

100 g **Frühstücksspeck**

1 große **Zwiebel**

1 **Knoblauchzehe**

1 Bund gelber **Löwenzahn**

2 EL **Olivenöl**

400 g **Spaghetti** · **Salz**

1/8 l **Weißwein** · 1/4 l **Gemüsebrühe**

Pfeffer aus der Mühle

frisch geriebene **Muskatnuss**

1 TL abgeriebene unbehandelte

Zitronenschale

150 g **Crème fraîche**

6 EL **Zitronensaft**

Zubereitung

FÜR 4 PERSONEN

1 Das Lammfleisch und den Frühstücksspeck in kleine Würfel schneiden. Die Zwiebel und die Knoblauchzehe schälen und fein hacken. Den Löwenzahn putzen, waschen und trockenschütteln.

2 Das Öl in einer Pfanne erhitzen, Fleisch- und Speckwürfel darin etwa 5 Minuten braten. Den Bratensaft abgießen und beiseite stellen. Den Knoblauch und die Zwiebeln in die Pfanne geben und kurz mitdünsten.

3 Die Spaghetti nach Packungsanweisung in reichlich kochendem Salzwasser bissfest garen.

4 Inzwischen Bratensaft, Wein und Brühe in die Sauce geben, mit Salz, Pfeffer, Muskatnuss und Zitronenschale würzen. Das Lammragout etwa 10 Minuten weiterköcheln lassen.

5 Die Crème fraîche und den Zitronensaft einrühren, bei schwacher Hitze weitere 10 Minuten köcheln lassen.

6 Die Spaghetti in ein Sieb abgießen und abtropfen lassen. Mit Lammragout und Löwenzahn mischen und anrichten.

Wenn Sie keinen gelben Löwenzahn bekommen, können Sie die Spaghetti mit Lammragout ersatzweise auch mit Rucola oder mit Brunnenkresseblättern anrichten.

Penne rigate
mit Hühnerleberragout

Zubereitung
FÜR 4 PERSONEN

1 Die Penne nach Packungsanweisung in reichlich kochendem Salzwasser bissfest garen.

2 Die Hühnerlebern säubern, waschen, mit Küchenpapier trockentupfen, klein schneiden und in Mehl wenden. Knoblauchzehe und Zwiebel schälen und fein hacken. Tomaten überbrühen, häuten, entkernen und würfeln.

3 Die Butter erhitzen und die Leberstückchen darin 2 bis 3 Minuten anbraten. Die Gemüsewürfel dazugeben und mitbraten, dann mit dem Wein ablöschen und die Sauce sämig einkochen lassen. Die Basilikumblätter in Streifen schneiden.

4 Die Penne in ein Sieb abgießen und gut abtropfen lassen. Nudeln und Basilikumstreifen unter das Hühnerleberragout mischen, auf vorgewärmten Tellern verteilen und servieren. Den geriebenen Pecorino dazu reichen.

Zutaten

350 g **Penne rigate** · **Salz**

250 g **Hühnerlebern**

1 EL **Mehl** · 1 **Knoblauchzehe**

1 **Zwiebel**

3 **Fleischtomaten**

40 g **Butter**

100 ml **Weißwein**

3 EL **Basilikumblätter**

50 g frisch geriebener **Pecorino**

Zutaten

2 **Schalotten**

5 EL **Olivenöl**

1 große Dose geschälte **Tomaten**

(400 g Abtropfgewicht)

1 EL gehackte **Petersilie**

Salz · **Pfeffer** aus der Mühle

20 g schwarze **Oliven** (ohne Stein)

400 g gemischtes **Hackfleisch**

1 **Eigelb**

1 EL **Semmelbrösel**

1 TL gehackter **Thymian**

350 g **Fusilli**

Fusilli mit Fleischbällchen

Zubereitung

FÜR 4 PERSONEN

1 Schalotten schälen, fein hacken und in 3 EL Öl glasig dünsten. Die Hälfte aus dem Topf nehmen und beiseite stellen. Die geschälten Tomaten samt Saft in den Topf geben, die Petersilie zufügen, mit Salz und Pfeffer würzen und die Tomatensauce offen etwa 15 Minuten kochen.

2 Die Oliven in Scheiben schneiden. In einer Schüssel Hackfleisch, Eigelb, Semmelbrösel, Thymian, angedünstete Schalotten, Salz und Pfeffer gut vermischen und zu einem Hackfleischteig verkneten. Mit angefeuchteten Händen aus der Masse kleine Bällchen formen und im restlichen Öl langsam rundum anbraten.

3 Inzwischen die Fusilli nach Packungsanweisung in reichlich kochendem Salzwasser bissfest garen, abgießen und abtropfen lassen. Fusilli mit der Sauce auf vorgewärmten Tellern anrichten, mit Fleischbällchen, Olivenscheiben und nach Belieben mit Basilikumstreifen garniert servieren.

Spaghetti
mit Kalbfleisch und Kapern

Zartes, **butterweiches Fleisch, knackige Möhren und die mit Safranfäden gelb gefärbte Kapernsauce veredeln die Pasta par** excellence

Zutaten

600 g **Kalbsschnitzel**

1 **Schalotte** · 200 g **Möhren**

1 unbehandelte **Zitrone**

3 EL **Olivenöl**

500 g **Spaghetti** · **Salz**

2 geschälte **Knoblauchzehen**

⅛ l trockener **Weißwein**

⅛ l **Gemüsebrühe**

4 EL **Crème fraîche**

1 Döschen **Safranfäden**

2 EL **Kapern**

Pfeffer aus der Mühle

3 EL **Kapernäpfel**

Zubereitung

FÜR 4 PERSONEN

1 Das Kalbfleisch in schmale Streifen schneiden. Die Schalotte schälen und in feine Würfel schneiden. Die Möhren schälen, erst in Stücke, dann in Stifte schneiden. Die Zitrone heiß waschen, trockenreiben und in Scheiben schneiden.

2 Das Öl erhitzen und das Fleisch darin unter Rühren etwa 4 Minuten braten. Herausnehmen und warm stellen.

3 Die Spaghetti nach Packungsanweisung in reichlich kochendem Salzwasser bissfest garen.

4 Inzwischen die Schalottenwürfel und die Möhrenstifte im verbliebenen Bratfett andünsten, die Knoblauchzehen dazupressen, alles mit Wein und Brühe ablöschen. Crème fraîche, Safran, Kapern mit etwas Kapernflüssigkeit und 2 Zitronenscheiben dazugeben. Die Sauce 6 Minuten zugedeckt köcheln lassen. Zum Schluss das Kalbfleisch dazugeben, mit Salz und Pfeffer abschmecken.

5 Die Spaghetti in ein Sieb abgießen und abtropfen lassen. Mit der Sauce mischen und auf vorgewärmten Tellern verteilen. Mit Kapernäpfeln und Zitronenscheiben garniert servieren.

Pappardelle
mit Entenbrust

Deftiges mit Hmhh-Effekt: Kurz gebraten, saftig und zart – für diese herzhafte Pasta-Sauce ist das beste Stück der Ente gerade gut genug

Zutaten

150 g weiße **Gemüsezwiebeln**

2 **Knoblauchzehen**

2 **Entenbrustfilets**

400 g **Pappardelle**

Salz

6 EL **Olivenöl**

500 g passierte **Tomaten** (Fertigprodukt)

200 ml **Geflügelbrühe**

Pfeffer aus der Mühle

2 EL **Aceto balsamico**

1 Bund **Salbei**

100 g **Parmaschinken** (in dünnen Scheiben)

Zubereitung

FÜR 4 PERSONEN

1 Die Zwiebeln schälen und fein hacken. Die Knoblauchzehen ebenfalls schälen und fein hacken.

2 Von den Entenbrustfilets die Haut abziehen – wer will, kann sie in kleine Stücke geschnitten kross anbraten – und die Filets quer in Streifen schneiden.

3 Die Pappardelle nach Packungsanweisung in reichlich kochendem Salzwasser bissfest garen.

4 Inzwischen 2 EL Öl in einem Topf erhitzen und die Filetstreifen darin anbraten. Die Zwiebeln und den Knoblauch dazugeben und etwa 3 Minuten weiterbraten.

5 Die passierten Tomaten und die Geflügelbrühe dazugießen. Die Sauce mit Salz, Pfeffer und Aceto balsamico würzen und einmal aufkochen lassen.

6 Inzwischen den Salbei waschen, trockenschütteln und die Blätter von den Stielen zupfen. Die Blätter in 4 EL Öl kurz frittieren. Die Pappardelle in ein Sieb abgießen und abtropfen lassen. Mit der Sauce, den Schinkenscheiben und den Salbeiblättern anrichten.

Wer gerne Salbei isst, kann im Nudelkochwasser einige Blätter mitkochen – das verleiht den Pappardelle bereits ein leichtes Salbeiaroma. Genauso kann man auch mit anderen Kräutern verfahren.

Pasta gefüllt & aus dem Ofen

Lasagnetaschen
mit Garnelen

Ein Pasta-Gericht, wie es edler und raffinierter kaum sein kann: Nudeltaschen werden mit Gemüse gefüllt und mit Garnelen gekrönt

Zutaten

8–10 **Lasagneblätter**

Salz

2 EL **Olivenöl**

12 **Riesengarnelen** (küchenfertig)

Saft von 2 **Limetten**

1 Bund **Dill**

1 Bund **Frühlingszwiebeln**

800 g **Zucchini**

1 EL **Butterschmalz**

Pfeffer aus der Mühle

Fett für die Form

150 g **Sahne**

125 g **Doppelrahmfrischkäse**

2 **Eier**

Zubereitung

FÜR 4 PERSONEN

1 Die Lasagneblätter in reichlich kochendem Salzwasser mit 1 EL Öl in etwa 6 Minuten weich garen (auch bei Lasagneplatten ohne Vorkochen!). Die Nudelplatten mit dem Schaumlöffel einzeln herausnehmen und in eine Schüssel mit kaltem Wasser geben, damit sie nicht aneinander kleben.

2 Inzwischen die Garnelen kalt abspülen und trockentupfen. Mit Limettensaft beträufeln und abgedeckt in den Kühlschrank stellen. Den Dill waschen, trockenschütteln und fein hacken. Die Frühlingszwiebeln putzen, waschen und in Ringe schneiden. Die Zucchini putzen und waschen, auf einer Küchenreibe grob raspeln.

3 Das Butterschmalz in einer Pfanne erhitzen und die Zucchini darin etwa 1 Minute andünsten. Die Zucchiniraspel gleich wieder aus der Pfanne nehmen und mit dem gehackten Dill und den Frühlingszwiebelringen mischen.

4 Den von den Garnelen abgetropften Limettensaft zum Gemüse gießen. Garnelen und Gemüse kräftig mit Salz und Pfeffer würzen.

5 Den Backofen auf 175 °C vorheizen. Die Lasagneblätter aus dem Wasser nehmen, trockentupfen und längs zusammenknicken, sodass Taschen entstehen. Die Taschen mit der Öffnung nach oben nebeneinander in eine gefettete ofenfeste Form setzen.

6 Die Nudeltaschen mit dem Gemüse füllen und mit den Garnelen belegen. Die Sahne, den Frischkäse und die Eier verrühren, salzen und pfeffern. Die Lasagnetaschen mit der Sahne-Ei-Mischung begießen und etwa 20 Minuten auf der mittleren Schiene backen. Die Garnelen nach 10 Minuten mit 1 EL Öl bestreichen.

Cannelloni
mit Spinat und Ricotta

Ein Rezept mit stolzer Küchentradition: Die gefüllten Nudelrollen mit frischem Spinat, Sahnesauce und knuspriger Käsekruste sind immer ein Erfolg

Zutaten

400 g **Blattspinat**

1 **Knoblauchzehe**

100 g **Parmesan** (am Stück)

1 EL **Olivenöl**

20 g **Pinienkerne**

200 g **Ricotta**

3 **Eier**

Salz · **Pfeffer** aus der Mühle

16 **Cannelloni**

100 g **Sahne**

1 EL **Butter**

Zubereitung

FÜR 4 PERSONEN

1 Den Spinat putzen und waschen, grobe Stiele entfernen. In kochendem Wasser zusammenfallen lassen, in ein Sieb abgießen und gut abtropfen lassen.

2 Die Knoblauchzehe schälen, den Parmesan fein reiben. Eine ofenfeste Form mit dem Öl einfetten und den Backofen auf 200 °C vorheizen.

3 Die Pinienkerne in einer Pfanne ohne Fett rösten und abkühlen lassen. In einer Schüssel den Ricotta mit 1 Ei, etwas Salz und Pfeffer glatt rühren. Den Knoblauch dazupressen und unterrühren.

4 Die Pinienkerne hacken und unter die Käsecreme mischen. Den Spinat gut mit den Händen ausdrücken und ebenfalls unterrühren. Die Spinat-Ricotta-Masse mit einem Löffel oder Spritzbeutel in die Cannelloni füllen.

5 Die Cannelloni nebeneinander in die ofenfeste Form setzen. Die Sahne, 60 g geriebenen Parmesan und 2 Eier verquirlen und über die Cannelloni gießen.

6 Den restlichen Parmesan über die Cannelloni streuen und mit Butterflöckchen belegen. Die Cannelloni im Backofen etwa 35 Minuten überbacken.

Conchiglioni
mit Spargelfüllung

So wird das Essen zum Fest **– große, muschelförmige Nudeln mit einer extravaganten,** köstlichen **Füllung aus Hähnchenfleisch und Spargel**

Zutaten

250 g **Conchiglioni** · **Salz**

250 g weißer **Spargel**

Zucker

150 g **Hähnchenbrustfilet**

2 **Schalotten**

1 Bund glatte **Petersilie**

1 Kugel **Mozzarella** (ca. 125 g)

1 **Eigelb**

2 EL **Semmelbrösel**

Pfeffer aus der Mühle

Fett für die Form

100 ml **Weißwein**

2 EL **Sahne**

50 g frisch geriebener **Pecorino**

1 EL **Butter**

Zubereitung

FÜR 2 PERSONEN

1 Die Conchiglioni nach Packungsanweisung in reichlich kochendem Salzwasser bissfest garen. In ein Sieb abgießen, kalt abbrausen und abtropfen lassen.

2 Die Spargelstangen waschen, von den holzigen Enden befreien und gründlich schälen. Mit 1 Prise Zucker in reichlich kochendem Salzwasser in etwa 15 Minuten bissfest kochen. Die Spargelstangen abtropfen lassen und schräg in Scheiben schneiden.

3 Das Fleisch in kleine Würfel schneiden. Die Schalotten schälen und fein hacken. Die Petersilie waschen und trockenschütteln, die Blätter von den Stielen zupfen und fein hacken. Den Mozzarella in feine Würfel schneiden.

4 Den Backofen auf 200 °C vorheizen. Die Spargelscheiben mit dem Fleisch, dem Mozzarella, den Schalotten, der Petersilie, dem Eigelb und den Semmelbröseln mischen, mit Salz und Pfeffer kräftig abschmecken.

5 Die Masse mit einem Löffel in die Conchiglioni füllen und diese nebeneinander in eine gefettete feuerfeste Form setzen. Den Wein mit der Sahne mischen und seitlich in die Form gießen. Den Pecorino über die gefüllten Nudeln streuen, mit Butterflöckchen belegen. Die Conchiglioni auf der mittleren Schiene etwa 35 Minuten backen, bis sie leicht gebräunt sind.

Grüne Tortellini
mit Käsesauce

Zubereitung
FÜR 4 PERSONEN

1 Die Zwiebel und die Knoblauchzehe schälen und hacken. Den Rucola verlesen, waschen und trockenschütteln, die Blätter in Stücke schneiden.

2 Zwiebeln und Knoblauch im heißen Öl andünsten, mit dem Weißwein ablöschen und kurz aufkochen lassen. Den Gorgonzola in Würfel schneiden und unter Rühren im Wein schmelzen lassen. Milch und Mehl gut verrühren. In die Käsesauce rühren, salzen, pfeffern und 2 Minuten kochen.

3 Die Tortellini nach Packungsanweisung in reichlich kochendem Salzwasser bissfest garen. Die Tomaten waschen, halbieren, entkernen und anschließend in Würfel schneiden.

4 Die Tortellini in ein Sieb abgießen und gut abtropfen lassen. Die Nudeln mit der Käsesauce, den Tomaten und dem Rucola auf vorgewärmten Tellern anrichten und servieren.

Zutaten

1 **Zwiebel** · 1 **Knoblauchzehe**

½ Bund **Rucola**

2 EL **Olivenöl**

100 ml **Weißwein**

200 g **Sahnegorgonzola**

¼ l **Milch**

1 gestr. EL **Mehl**

Salz · **Pfeffer** aus der Mühle

500 g frische grüne **Tortellini**

(aus dem Kühlregal)

200 g **Tomaten**

Zutaten

ca. 6 dünne Stangen **Lauch**

Salz · **Pfeffer** aus der Mühle

frisch geriebene **Muskatnuss**

16 **Cannelloni**

2 EL **Olivenöl**

1 EL **Tomatenmark**

480 g geschälte **Tomaten**

(aus der Dose)

1 EL getrockneter **Oregano**

Zucker · **Fett** für die Form

200 g **Schafskäse**

150 g **Crème fraîche**

Cannelloni mit Lauchfüllung

Zubereitung

FÜR 4 PERSONEN

1 Die Lauchstangen putzen, waschen und in 16 Stücke schneiden (die Stücke sollten die gleiche Länge wie die Cannelloni haben). In kochendem Salzwasser blanchieren. In ein Sieb abgießen, mit Salz, Pfeffer und Muskatnuss würzen. Die Cannelloni mit den Lauchstangen füllen.

2 Das Öl erhitzen, Tomatenmark, Dosentomaten ohne Saft und Oregano darin andünsten. Etwa 20 Minuten einkochen lassen, mit Salz, Pfeffer und etwas Zucker würzen.

3 Den Backofen auf 200 °C vorheizen. Die Tomatensauce in eine gefettete feuerfeste Form geben und die Cannelloni darauf setzen.

4 Den Schafskäse grob zerkrümeln. Mit der Crème fraîche verrühren, mit Salz und Pfeffer würzen und über die Cannelloni geben. Die Cannelloni im Ofen auf der mittleren Schiene etwa 35 Minuten überbacken, die letzten 3 Minuten eventuell den Backofengrill zuschalten.

Spinatlasagne
mit Tomatensauce

Der Klassiker ohne Fleisch – ein heißer Favorit aus dem Backofen, knusprig gebacken und Schicht für Schicht ein Genuss

Zutaten

1 **Schalotte**

2 **Knoblauchzehen**

3 EL getrocknete **Tomaten** (in Öl)

3 EL **Olivenöl**

1 Dose geschälte **Tomaten**

(400 g Abtropfgewicht)

50 ml **Weißwein**

Salz · **Pfeffer** aus der Mühle

200 g junger **Spinat**

500 g **Ricotta**

frisch geriebene **Muskatnuss**

25 g **Butter** · 25 g **Mehl**

300 ml **Milch**

50 g frisch geriebener **Parmesan**

250 g **Lasagneblätter**

150 g **Mozzarella** (in Scheiben)

Zubereitung

FÜR 4 PERSONEN

1 Die Schalotte und die Knoblauchzehen schälen und fein hacken. Getrocknete Tomaten ebenfalls fein hacken. 2 EL Öl in einer großen Pfanne erhitzen, Knoblauch, Schalotten und die gehackten getrockneten Tomaten darin andünsten.

2 Dosentomaten samt Saft und den Wein dazugeben, die Tomaten mit einer Gabel zerdrücken. Bei mittlerer Hitze in etwa 10 Minuten zu einer dickflüssigen Sauce einkochen lassen, mit Salz und Pfeffer kräftig würzen.

3 Den Spinat putzen, waschen und in kochendem Salzwasser kurz blanchieren. In ein Sieb abgießen, gut ausdrücken und hacken.

4 Den Spinat in einer Schüssel mit dem Ricotta vermischen, mit Muskatnuss, Salz und Pfeffer kräftig würzen.

5 Den Backofen auf 180 °C vorheizen. Für die Käsesauce die Butter in einem kleinen Topf erhitzen, das Mehl unterrühren und kurz anschwitzen. Unter ständigem Rühren die Milch nach und nach dazugeben. Den Parmesan unterrühren und die Sauce bei schwacher Hitze etwa 10 Minuten köcheln lassen.

6 Eine feuerfeste Form mit 1 EL Öl ausstreichen und lagenweise füllen. Zunächst den Boden mit Lasagneblättern auslegen und mit Tomatensauce bestreichen. Mit Lasagneblättern belegen und die Spinat-Ricotta-Mischung darauf verteilen. In dieser Reihenfolge alle Zutaten in die Form schichten. Mit der Käsesauce begießen und zum Schluss den Mozzarella darauf legen. Die Lasagne auf der mittleren Schiene etwa 60 Minuten goldbraun backen.

Lasagnerouladen
mit Ricotta und Schinken

Gut gewickelt ist halb gewonnen: Die würzige Füllung in den Lasagneblättern kommt durch das Aufschneiden der Rollen besonders gut zur Geltung

Zutaten

8 **Lasagneblätter** · **Salz**

2 EL **Olivenöl**

200 g gekochter **Schinken** (am Stück)

1 Bund **Rucola** · 1 **Zwiebel**

2 **Knoblauchzehen**

400 g **Ricotta**

2 **Eier** · 150 g frisch geriebener **Parmesan**

Pfeffer aus der Mühle

frisch geriebene **Muskatnuss**

Fett für die Form

2 TL **Butter**

Zubereitung

FÜR 4 PERSONEN

1 Die Lasagneblätter in reichlich kochendem Salzwasser mit 1 EL Öl in etwa 6 Minuten weich garen (auch bei Lasagneblättern ohne Vorkochen!). Einzeln mit dem Schaumlöffel herausnehmen und in eine Schüssel mit kaltem Wasser geben, damit sie nicht aneinander kleben.

2 Den Backofen auf 180 °C vorheizen. Den Schinken in Würfel schneiden. Den Rucola putzen, waschen, trockenschütteln und sehr fein hacken. Zwiebel und Knoblauchzehen schälen und ebenfalls fein hacken.

3 Das restliche Öl erhitzen, Zwiebeln und Knoblauch darin glasig dünsten. Die Zwiebelmischung mit Rucola, Ricotta, Eiern und 100 g Parmesan mischen, mit Salz, Pfeffer und Muskatnuss würzen.

4 Die Lasagneblätter abtropfen lassen und dünn mit der Mischung bestreichen. Von der kurzen Seite her aufrollen, jeweils in 3 gleich große Stücke schneiden.

5 Eine ofenfeste Form einfetten und die Nudelrouladen hineinsetzen. Mit dem restlichen Parmesan bestreuen und mit Butterflöckchen belegen. Die Lasagnerouladen auf der mittleren Schiene im Ofen etwa 15 Minuten goldgelb backen.

Makkaroniauflauf
mit Mortadella

Eine perfekte italienische Liaison: Mortadella, die »Dicke aus Bologna«, schmeckt mit ihrem intensiven Knoblaucharoma nicht nur auf Ciabatta

Zutaten

2 **Zwiebeln**

2 **Knoblauchzehen**

1 kleine **Aubergine**

80 g braune **Champignons**

150 g **Mortadella** (in Scheiben)

3 EL **Olivenöl**

1 EL **Tomatenmark**

100 g passierte **Tomaten** (Fertigprodukt)

150 ml **Weißwein**

3 Zweige **Majoran**

250 g **Makkaroni** · **Salz**

100 g **Mascarpone**

Pfeffer aus der Mühle

1 Kugel **Mozzarella** (ca. 125 g)

Zubereitung

FÜR 4 PERSONEN

1 Zwiebeln und Knoblauchzehen schälen und hacken. Die Aubergine putzen, waschen und in feine Würfel schneiden. Die Champignons putzen und je nach Größe halbieren oder vierteln. Die Mortadella in etwa 1 cm breite Streifen schneiden.

2 Das Öl in einem Topf erhitzen und die vorbereiteten Zutaten darin anbraten. Tomatenmark und die passierten Tomaten dazugeben und den Weißwein angießen. Die Sauce bei schwacher Hitze etwa 15 Minuten köcheln lassen.

3 Den Majoran waschen, trockenschütteln, die Blättchen abzupfen und fein hacken.

4 Den Backofen auf 200 °C vorheizen. Die Makkaroni nach Packungsanweisung in reichlich kochendem Salzwasser bissfest garen. In ein Sieb abgießen und abtropfen lassen.

5 Majoran und Mascarpone unter die Sauce mischen, mit Salz und Pfeffer abschmecken.

6 Die Makkaroni abwechselnd mit der Sauce in eine ofenfeste Form schichten. Den Mozzarella in Scheiben schneiden und darüber verteilen. Den Nudelauflauf auf der mittleren Schiene im Backofen etwa 15 Minuten goldbraun überbacken.

Ravioli
mit Salbei-Knoblauch-Butter

Zubereitung
FÜR 4 PERSONEN

1 Aus Mehl, 3 Eiern, Eigelb, Öl und ½ TL Salz einen Nudelteig kneten (siehe Seite 10) und 1 Stunde zugedeckt kalt stellen. Für die Füllung den Spinat putzen, waschen und in kochendem Salzwasser 2 Minuten blanchieren. Abgießen, kalt abschrecken und abtropfen lassen. Gut ausdrücken und grob hacken. Ricotta, Gewürze, Parmesan, Semmelbrösel und restliches Ei zugeben und alles gut vermischen.

2 Den Teig auf bemehlter Arbeitsfläche portionsweise dünn ausrollen und Kreise von etwa 6 cm Durchmesser ausstechen. Auf jeden Teigkreis 2 TL der Füllung geben, die Teigränder mit Wasser bestreichen und zu Halbkreisen schließen. Die Ränder mit einer Gabel festdrücken.

3 Die Ravioli in reichlich kochendem Salzwasser 4 bis 5 Minuten garen, mit einem Schaumlöffel herausheben und abtropfen lassen. Knoblauchzehen schälen, fein hacken und in der Butter anbraten. Die Salbeiblätter kurz darin schwenken. Die Ravioli auf Tellern verteilen und mit der Salbeibutter übergießen.

Zutaten

400 g **Mehl** · 4 **Eier**

2 **Eigelb** · 1 EL **Olivenöl**

Salz

300 g **Spinat** · 200 g **Ricotta**

Pfeffer aus der Mühle

frisch geriebene **Muskatnuss**

60 g frisch geriebener **Parmesan**

2 EL **Semmelbrösel**

2 **Knoblauchzehen**

50 g **Butter**

15 **Salbeiblätter**

Zutaten

400 g **Mehl** · 4 **Eier**

1 TL **Olivenöl** · **Salz**

200 g **Rucola**

1 **Zwiebel** · 1 EL **Olivenöl**

250 g **Ricotta**

50 g frisch geriebener **Pecorino**

Pfeffer aus der Mühle

frisch geriebene **Muskatnuss**

4 EL **Butter**

½ Bund **Rucola** zum Garnieren

1 zerstoßene getrocknete **Pfefferschote**

50 g frisch gehobelter **Pecorino**

Rucola-Ravioli

mit Parmesan

Zubereitung

FÜR 4 PERSONEN

1 Aus Mehl, Eiern, Öl und ½ TL Salz einen Nudelteig kneten (siehe Seite 10) und zugedeckt 1 Stunde kalt stellen.

2 Für die Füllung Rucola putzen, waschen, trockenschütteln und die Blätter fein hacken. Zwiebel schälen und fein würfeln. Das Öl in einer Pfanne erhitzen, Zwiebeln und Rucola darin andünsten, bis alle Flüssigkeit verdampft ist. Lauwarm abkühlen lassen und mit Ricotta und Pecorino vermischen, mit Salz, Pfeffer und Muskatnuss würzen.

3 Den Teig auf bemehlter Arbeitsfläche dünn zu 2 Platten ausrollen. Auf eine Teighälfte in Abständen von etwa 3 cm 1 bis 2 TL der Füllung setzen. Mit der anderen Teighälfte abdecken. Den Teig um die Füllung festdrücken. Mit dem Teigrädchen Ravioli ausschneiden (siehe Seite 11). Ravioli in kochendem Salzwasser 3 bis 4 Minuten garen.

4 Ravioli abgießen und mit zerlassener Butter, übrigem Rucola, Pfefferschote und Pecorino bestreut servieren.

Lasagne al forno

Immer wieder gut: Das Original aus der Emilia-Romagna mit Bolognaise und Béchamelsauce zwischen den Nudelschichten bleibt unschlagbar

Zutaten

1 **Zwiebel** · 2 **Knoblauchzehen**

1 **Möhre**

3 **Selleriestangen**

1 Kugel **Mozzarella** (ca. 125 g)

3 EL **Olivenöl**

250 g gemischtes **Hackfleisch**

2 EL **Tomatenmark**

50 ml **Rotwein**

1 große Dose geschälte **Tomaten**

(400 g Abtropfgewicht)

Salz · **Pfeffer** aus der Mühle

4 EL **Butter** · 50 g **Mehl**

½ l **Milch**

200 g **Lasagneblätter**

80 g frisch geriebener **Parmesan**

Zubereitung

FÜR 2 PERSONEN

1 Zwiebel und Knoblauchzehen schälen und fein hacken. Die Möhre schälen, den Sellerie putzen und waschen. Beides in feine Würfel schneiden. Den Mozzarella abtropfen lassen und in Scheiben schneiden. Eine ofenfeste Form mit 1 EL Öl einfetten.

2 In einer Pfanne das restliche Öl erhitzen, Zwiebeln, Knoblauch und Hackfleisch darin anbraten. Möhren- und Selleriewürfel dazugeben und mitbraten. Das Tomatenmark unterrühren, dann den Rotwein und die Dosentomaten samt Saft dazugeben. Tomaten etwas zerdrücken, die Sauce salzen und pfeffern und 20 Minuten kochen.

3 Den Backofen auf 200 °C vorheizen. 3 ½ EL Butter in einem Topf erhitzen, Mehl unterrühren und kurz anschwitzen. Nach und nach die Milch unter Rühren dazugießen, salzen und pfeffern. Die Sauce 5 Minuten köcheln lassen.

4 2 bis 3 EL Béchamelsauce in die gefettete Form geben und mit Lasagneblättern auslegen. Etwas Hackfleischsauce und Béchamelsauce darauf geben und mit Nudelplatten bedecken. Weiter schichten und die Lasagne mit einer Lage Nudeln, bestrichen mit etwas Béchamelsauce, abschließen.

5 Die Lasagne mit Mozzarella belegen, Parmesan und Butterflöckchen darüber geben. Im Backofen etwa 40 Minuten backen.

Nudelnester
in Pergament

Eine **Überraschung** auf dem Teller: In kleinen Päckchen geschmort, schmecken die Spaghetti mit **würziger** Tomatensauce nochmal so gut

Zutaten

1 **Knoblauchzehe**

4 EL **Olivenöl**

1 kleine Dose geschälte **Tomaten** (240 g Abtropfgewicht)

Salz · **Pfeffer** aus der Mühle

400 g **Spaghetti**

500 g **Tomaten**

1 Bund glatte **Petersilie**

50 g schwarze **Oliven** (ohne Stein)

8 Scheiben **Pancetta**

8 **Sardellenfilets** (in Öl)

50 g frisch gehobelter **Parmesan**

Zubereitung

FÜR 4 PERSONEN

1 Die Knoblauchzehe schälen und fein hacken. 2 EL Öl in einer Pfanne erhitzen. Den Knoblauch darin glasig dünsten und aus der Pfanne nehmen. Die Dosentomaten ohne Saft im Knoblauchöl 10 Minuten köcheln lassen, dann mit dem Stabmixer pürieren. Mit Salz und Pfeffer kräftig würzen und nochmals etwa 10 Minuten einkochen lassen.

2 Den Backofen auf 200 °C vorheizen. Die Spaghetti nach Packungsanweisung in reichlich kochendem Salzwasser bissfest garen.

3 Inzwischen die Tomaten entkernen und in kleine Würfel schneiden. Die Petersilie waschen und trockenschütteln. Die Blätter von den Stielen zupfen und fein hacken. Die Oliven in Scheiben schneiden.

4 Die Spaghetti in ein Sieb abgießen und abtropfen lassen. Mit der Tomatensauce, den Tomatenwürfeln, den Oliven und 1 EL Petersilie mischen. 8 Blatt Pergamentpapier (à ca. 25 x 25 cm) mit dem restlichen Öl bestreichen.

5 Die Tomatennudeln zu 8 Nestern formen und jeweils in die Mitte des Papiers setzen. Je 1 Scheibe Pancetta, 1 Sardellenfilet und etwas Petersilie darauf geben. Das Papier über der Füllung zusammenfalten.

6 Die Nudelpäckchen auf das Blech setzen und im Ofen auf der zweiten Schiene von unten etwa 15 Minuten garen. Zum Servieren das Papier aufschlagen und die Nester mit Parmesanspänen bestreuen.

Cannelloni
mit Gemüsefüllung

Die Mischung macht's: Knackiges Sommergemüse, feine Kräuter und pikanter Ziegenkäse geben dieser Füllung den richtigen Pfiff

Zutaten

400 g **Tomaten**

1 **Zwiebel** · ½ **Möhre**

½ Stange **Staudensellerie**

6 EL **Olivenöl**

2 TL getrockneter **Thymian**

Salz · **Pfeffer** aus der Mühle

1 **Aubergine** · 2 kleine **Zucchini**

1 **Knoblauchzehe**

1 rote **Chilischote**

1 TL getrockneter **Oregano**

300 g **Ziegenfrischkäse**

24 **Cannelloni**

Fett für die Form

60 g frisch geriebener **Pecorino**

1 EL **Butter**

Zubereitung
FÜR 6–8 PERSONEN

1 Für die Tomatensauce die Tomaten überbrühen, häuten, entkernen und in kleine Würfel schneiden. Zwiebel und Möhre schälen und in feine Würfel schneiden. Die Selleriestange waschen und ebenfalls in Würfel schneiden.

2 In einem Topf 3 EL Öl erhitzen und das Gemüse – bis auf die Tomaten – darin andünsten. Tomaten und 1 TL Thymian hinzufügen. Die Sauce mit Salz und Pfeffer würzen und zugedeckt etwa 20 Minuten köcheln lassen.

3 Für die Füllung die Aubergine und die Zucchini waschen, putzen und in kleine Würfel schneiden. Die Knoblauchzehe schälen und fein hacken. Die Chilischote halbieren, entkernen, waschen und in feine Streifen schneiden.

4 Das restliche Öl erhitzen, Auberginen- und Zucchiniwürfel, Knoblauch und Chili darin anbraten. Mit Salz, Pfeffer, 1 TL Thymian und Oregano würzen und etwas abkühlen lassen. Den Ziegenfrischkäse unterrühren. Den Backofen auf 220 °C vorheizen.

5 Die Cannelloni jeweils mit 2 bis 3 EL Gemüse-Käse-Mischung füllen und in eine gefettete ofenfeste Form schichten. Die Tomatensauce darüber gießen. Die Cannelloni mit dem Pecorino bestreuen, mit Butterflöckchen belegen und auf der mittleren Schiene etwa 30 Minuten goldbraun backen.

Ravioli
mit Kartoffel-Minze-Füllung

Zubereitung
FÜR 4–6 PERSONEN

1 Aus Mehl, Eiern, Salz und etwas Wasser einen Nudelteig kneten (siehe Seite 10) und zugedeckt kalt stellen. Für die Füllung die Kartoffeln mit Schale in wenig Wasser garen. Abgießen, abtropfen lassen, pellen und noch heiß mit dem Kartoffelstampfer zerdrücken.

2 Die Minzeblätter waschen, trockentupfen und hacken. Die Knoblauchzehe schälen und ebenfalls hacken. Die zerstampften Kartoffeln mit Ricotta, Minze und Knoblauch vermischen, mit Salz und Pfeffer abschmecken.

3 Den Teig auf der bemehlten Arbeitsfläche dünn ausrollen. Die eine Hälfte der Teigplatte im Abstand von etwa 6 cm mit je 1 TL Füllung belegen. Die zweite Teighälfte darüber klappen und zwischen der Füllung leicht andrücken.

4 Mit einem Teigrädchen Ravioli ausschneiden. Die Teigränder jeweils andrücken (siehe Seite 11). Die Ravioli in reichlich kochendem Salzwasser 4 bis 5 Minuten garen. In ein Sieb abgießen, abtropfen lassen und mit zerlassener Butter und dem geriebenen Pecorino servieren.

Zutaten

400 g **Mehl**

4 **Eier** · **Salz**

400 g **Kartoffeln**

ca. 50 **Minzeblätter**

1 **Knoblauchzehe**

300 g **Ricotta**

Pfeffer aus der Mühle

75 g **Butter**

60 g frisch geriebener **Pecorino**

Zutaten

400 g **Mehl**

6 **Eier** · **Salz**

300 g **Mangold**

2 geschälte **Knoblauchzehen**

100 g frisch geriebener **Pecorino**

Pfeffer aus der Mühle

100 g **Walnusskerne**

3 EL **Pinienkerne**

½ Bund glatte **Petersilie**

50 g **Ricotta**

2 EL **Olivenöl**

Pansoòti
mit Mangoldfüllung

Zubereitung

FÜR 4–6 PERSONEN

1 Aus Mehl, 4 Eiern, Salz und etwas Wasser einen Nudelteig kneten (siehe Seite 10) und zugedeckt kalt stellen.

2 Mangold putzen, waschen, kurz blanchieren, abschrecken und fein hacken. 1 Knoblauchzehe dazupressen, 2 Eier und den Pecorino untermischen, salzen und pfeffern.

3 Walnüsse und Pinienkerne in einer Pfanne ohne Fett rösten. Die Petersilie waschen, trockenschütteln und die Blätter abzupfen. Nüsse, Pinienkerne, Petersilie und die zweite Knoblauchzehe mit etwas Salz im Mörser zerstoßen. Mit zerdrücktem Ricotta und Öl verrühren, salzen.

4 Den Teig auf bemehlter Arbeitsfläche dünn ausrollen, in Dreiecke von etwa 8 cm Seitenlänge schneiden. Auf jedes etwas Füllung setzen und die Ränder andrücken. Die Pansoòti in Salzwasser etwa 4 Minuten garen. Die Sauce mit 2 EL Kochwasser verrühren und mit den Pansoòti servieren.

Gemüselasagne auf Basilikum

Da vermisst keiner **Fleisch:** Knusprige Lasagne aus dem Ofen, raffiniert mit Gemüse gefüllt – das ist vegetarisches Pasta-**Vergnügen** all'italiana

Zutaten

150 g grüne **Bohnen**

1 Stange **Lauch**

1 gelbe **Paprikaschote**

300 g **Tomaten**

2 **Knoblauchzehen** · 2 EL **Olivenöl**

2 TL italienische **Kräuter** (tiefgekühlt)

Salz · **Pfeffer** aus der Mühle

2 EL **Butter** · 2 EL **Mehl**

¼ l **Milch**

40 g frisch geriebener **Parmesan**

Fett für die Form

9 **Lasagneblätter**

1 großes Bund **Basilikum**

Zubereitung

FÜR 2 PERSONEN

1 Die Bohnen und den Lauch putzen, waschen und klein schneiden. Die Paprikaschote längs halbieren, entkernen, waschen und in feine Würfel schneiden. Die Tomaten überbrühen, häuten, vierteln, entkernen und würfeln. Die Knoblauchzehen schälen und fein hacken.

2 Das Öl in einem Topf erhitzen und den Lauch darin andünsten. Das restliche Gemüse, den Knoblauch und die Kräuter dazugeben. Bei schwacher Hitze 15 Minuten ohne Deckel garen, bis alle Flüssigkeit verdunstet ist. Mit Salz und Pfeffer abschmecken.

3 Den Backofen auf 200 °C vorheizen. Die Butter in einem Topf zerlassen, das Mehl unterrühren und kurz anschwitzen. Die Milch langsam nach und nach einrühren und bei niedriger Hitze einkochen lassen, den Parmesan dazugeben.

4 Eine feuerfeste Form einfetten und mit drei Lasagneblättern auslegen. Mit der Hälfte des Gemüses bedecken, wieder drei Nudelblätter auflegen und das übrige Gemüse darüber schichten. Mit den restlichen Lasagneblättern und der Sauce abschließen. Die Lasagne im heißen Ofen auf der mittleren Schiene 30 bis 40 Minuten goldbraun backen.

5 Das Basilikum waschen und trockenschütteln, die Blätter von den Stielen zupfen. Zwei Teller mit den Basilikumblättern auslegen. Die Lasagne in zwei Portionen teilen und auf dem Basilikumbett anrichten.

Ravioli mit Kalbsschwanzfüllung

Manchmal ist Geduld gefragt! Aber für diesen echten Festschmaus lohnt es sich allemal, zwei Stunden lang in der Küche zu stehen

Zutaten

400 g **Mehl** · 4 **Eier**

11 EL **Olivenöl** · **Salz**

1 **Möhre**

2 **Zwiebeln** · 5 **Knoblauchzehen**

1 **Tomate** · 1 Zweig **Thymian**

1 ½ kg **Kalbsschwanz** (in Scheiben)

Pfeffer aus der Mühle

1 EL **Tomatenmark**

400 ml **Marsala**

1 Bund glatte **Petersilie**

½ Bund **Basilikum**

1 EL **Kapern** · ½ EL **Pinienkerne**

3 **Eigelb** · 1 EL **Obstessig**

1 EL **Semmelbrösel**

1 EL frisch geriebener **Parmesan**

Zubereitung

FÜR 2 PERSONEN

1 Aus Mehl, Eiern, 2 EL Olivenöl und 1 TL Salz einen Nudelteig kneten (siehe Seite 10) und zugedeckt kalt stellen.

2 Die Möhre, die Zwiebeln und 3 Knoblauchzehen schälen und fein hacken. Die Tomate waschen und in feine Würfel schneiden. Den Thymian abbrausen und trockenschütteln.

3 4 EL Öl erhitzen und den Kalbsschwanz darin anbraten, salzen und pfeffern. Das Gemüse und das Tomatenmark dazugeben und mit anbraten. Mit Marsala aufgießen und alles zugedeckt bei kleiner Hitze 1 ¼ Stunden schmoren. Eventuell etwas Wasser nachgießen.

4 Inzwischen die Kräuter waschen und trockenschütteln, Blättchen abzupfen. Restliche Knoblauchzehen schälen und mit Kräutern, Kapern, Pinienkernen, 2 Eigelb, Essig und dem restlichen Öl im Mixer pürieren. Die Salsa verde mit Salz und Pfeffer abschmecken.

5 Kalbsschwanz von den Knochen lösen, sehr fein schneiden und in der Sauce sämig einkochen lassen. Abkühlen lassen und Semmelbrösel und Parmesan unterrühren.

6 Nudelteig sehr dünn ausrollen, Kreise von 6 cm Durchmesser ausstechen. Auf die Hälfte der Kreise je 2 TL der Füllung setzen, die Ränder mit Eigelb bestreichen und mit einem Teigkreis abdecken. Ränder gut festdrücken. Die Ravioli in reichlich kochendem Salzwasser etwa 4 Minuten garen. Herausheben, abtropfen lassen und auf vorgewärmten Tellern mit der Salsa verde servieren.

Pasta für Gäste

Pappardelle
mit Gorgonzola und Birnen

Lust auf ausgefallene Kreationen? Birnen und Gorgonzola – eine klassische Kombination für die Pasta-Küche neu entdeckt

Zutaten

500 g **Staudensellerie**

2 EL **Butter**

400 g **Pappardelle**

Salz

250 g **Gorgonzola**

200 g **Sahne**

Pfeffer aus der Mühle

4 EL **Pinienkerne**

1 kleine **Birne** (z. B. Williams)

Zubereitung

FÜR 4 PERSONEN

1 Den Staudensellerie putzen und waschen. Die Stangen schräg in dünne Scheiben schneiden, das Grün für die Deko beiseite legen.

2 Die Butter in einem Topf erhitzen und die Selleriescheiben darin bei mittlerer Hitze etwa 5 Minuten dünsten.

3 Die Pappardelle nach Packungsanweisung in reichlich kochendem Salzwasser bissfest garen.

4 Inzwischen den Gorgonzola klein schneiden. Einige Stücke beiseite legen, den Rest mit der Sahne zu den Selleriescheiben geben. Kurz aufkochen und den Käse unter Rühren bei kleiner Hitze schmelzen. Die Sauce kurz köcheln lassen, mit Salz und Pfeffer kräftig würzen.

5 Die Pinienkerne in einer Pfanne ohne Fett goldbraun rösten. Die Birne waschen, halbieren, entkernen und in Spalten schneiden.

6 Die Pappardelle in ein Sieb abgießen und abtropfen lassen. In einer Schüssel mit der Gorgonzolasauce und den Birnenspalten anrichten, die gerösteten Pinienkerne und die restlichen Käsestücke darüber streuen. Mit dem Selleriegrün garnieren und nach Belieben mit grob gemahlenem Pfeffer bestreuen.

Noch pikanter wird die Sauce, wenn Sie statt Gorgonzola den würzigeren Roquefort nehmen. Wer es dagegen milder mag, verwendet am besten cremigen Sahnegorgonzola mit Mascarpone.

Lasagneblätter
mit Gemüse und Garnelen

Hier wird erst zum Schluss geschichtet – ein Pasta-Gericht für besondere Anlässe mit edlen Garnelen und einer feinen Weißweinsauce

Zutaten

4 große **Möhren**

1 Bund **Frühlingszwiebeln**

3 EL **Butter**

500 g **Garnelen** (küchenfertig)

Salz · **Pfeffer** aus der Mühle

8 **Lasagneblätter**

1 EL **Olivenöl**

2 **Schalotten**

¼ l trockener **Weißwein**

200 g **Crème fraîche**

Saft von ½ **Zitrone**

Zubereitung

FÜR 4 PERSONEN

1 Die Möhren schälen, die Frühlingszwiebeln putzen und waschen. Die Möhren in Scheiben oder kleine Würfel, die Frühlingszwiebeln schräg in kleine Stücke schneiden. In einem Topf 2 EL Butter erhitzen und das Gemüse darin bissfest dünsten.

2 Die Garnelen kalt abspülen und trockentupfen. Zu dem Gemüse geben und kurz mitgaren. Mit Salz und Pfeffer kräftig würzen und warm stellen.

3 Die Lasagneblätter in reichlich kochendem Salzwasser mit dem Öl weich garen (auch bei Lasagneblättern ohne Vorkochen!). Die Nudelplatten mit dem Schaumlöffel einzeln aus dem Wasser nehmen und nebeneinander auf einem Küchentuch abtropfen lassen.

4 Inzwischen die Schalotten schälen und fein hacken. In 1 EL Butter andünsten, mit Weißwein ablöschen und auf die Hälfte einkochen lassen. Die Crème fraîche unterrühren und nochmals 2 Minuten köcheln lassen. Mit Salz, Pfeffer und Zitronensaft abschmecken.

5 Die Lasagneblätter halbieren und je 4 halbe Blätter mit Garnelen, Gemüse und Schalottensauce auf vorgewärmte Teller schichten.

Spaghettini mit Bärlauchpesto

An Aroma nicht zu toppen: Diese heimische Pesto-Variante mit Bärlauch veredelt nicht nur jede Nudel, sie hat auch das Zeug zur Universal-Würze

Zutaten

250 g **Pinienkerne**

80 g **Bärlauchblätter**

ca. 150 ml **Olivenöl**

Salz · **Pfeffer** aus der Mühle

400 g **Spaghettini**

100 g frisch geriebener **Parmesan**

Zubereitung

FÜR 4 PERSONEN

1 Die Pinienkerne in einer Pfanne ohne Fett goldbraun anrösten. Die Bärlauchblätter verlesen, waschen und trockenschütteln. Einige Blätter für die Deko beiseite legen, den Rest grob zerschneiden.

2 Die Pinienkerne zusammen mit den Bärlauchblättern im Blitzhacker oder mit dem Stabmixer pürieren. Nach und nach das Öl dazugeben, bis das Pesto eine schön cremige Konsistenz hat. Das Bärlauchpesto mit Salz und Pfeffer abschmecken.

3 Spaghettini nach Packungsanweisung in reichlich kochendem Salzwasser bissfest garen, in ein Sieb abgießen und abtropfen lassen.

4 Die Spaghettini zurück in den Topf geben, mit dem Pesto mischen und dekorativ auf vorgewärmten Tellern anrichten. Mit den Bärlauchblättern garnieren, mit dem geriebenen Parmesan bestreuen und sofort servieren.

Bärlauch gibt's (leider) nur von März bis Anfang Mai. Das Pesto am besten gleich auf Vorrat zubereiten, in Schraubgläser füllen und mit reichlich Öl bedecken. Im Kühlschrank aufbewahren.

Pappardelle mit Hasenragout

Zubereitung

FÜR 4 PERSONEN

1 Das Hasenfleisch und den Speck sehr fein zerkleinern. Die Zwiebel und die Knoblauchzehe schälen und fein hacken. Die Selleriestange waschen und in feine Scheiben schneiden. Die Tomate überbrühen, häuten, entkernen und in Würfel schneiden.

2 Butter und Öl erhitzen und den Speck darin ausbraten. Das Hasenfleisch dazugeben und scharf anbraten. Die Hitze reduzieren und das vorbereitete Gemüse untermischen, mit Salz, Pfeffer und Thymian würzen.

3 Den Wein und die Fleischbrühe angießen und das Ragout zugedeckt bei schwacher Hitze etwa 2 Stunden schmoren lassen. Zum Schluss nochmals mit Salz und Pfeffer abschmecken.

4 Die Pappardelle nach Packungsanweisung in reichlich kochendem Salzwasser bissfest garen. Anschließend in ein Sieb abgießen, abtropfen lassen und mit dem Ragout mischen. Nach Belieben mit frischem Thymian garniert servieren.

Zutaten

400 g **Hasenfleisch** (ohne Knochen)

50 g durchwachsener **Räucherspeck**

1 **Zwiebel** · 1 **Knoblauchzehe**

1 Stange **Staudensellerie**

1 **Fleischtomate**

1 EL **Butter** · 2 EL **Olivenöl**

Salz · **Pfeffer** aus der Mühle

½ TL getrockneter **Thymian**

100 ml **Weißwein**

⅛ l **Fleischbrühe**

400 g **Pappardelle**

Zutaten

150 g durchwachsener **Räucherspeck**

100 g schwarze **Oliven**

1 **Schalotte**

400 g **Pappardelle** · **Salz**

2 EL **Olivenöl**

1 **Knoblauchzehe**

3 Stiele **Basilikum**

1 TL **Speisestärke**

100 ml **Gemüsebrühe**

100 g frisch geriebener **Parmesan**

Pfeffer aus der Mühle

Pappardelle mit Oliven-Basilikum-Sauce

Zubereitung

FÜR 4 PERSONEN

1 Den Speck in feine Streifen schneiden. Die Oliven halbieren, entsteinen und ebenfalls in feine Streifen schneiden. Die Schalotte schälen und fein hacken.

2 Die Pappardelle nach Packungsanweisung in reichlich kochendem Salzwasser bissfest garen.

3 Inzwischen das Öl erhitzen und die Schalotten darin glasig dünsten. Den Speck dazugeben und anbraten.

4 Die Knoblauchzehe schälen und dazupressen. Die Oliven und die gewaschenen und gehackten Basilikumblätter unterrühren.

5 Die Speisestärke in einer Tasse mit der Gemüsebrühe anrühren. Zu der Sauce geben und einmal aufkochen. Den Parmesan einrühren und die Sauce mit Salz und Pfeffer abschmecken. Die Pappardelle in ein Sieb abgießen, abtropfen lassen und mit der Sauce mischen.

Farfalle
mit Tomaten und Walnüssen

Pasta mit Biss: Wenn Farfalle mit feinen Walnusskernen in einer pikanten Sahnesauce auf den Tisch kommen, macht das Lust auf eine Extra-Portion

Zutaten

1 kleine rote **Chilischote**

1 **Zwiebel**

1 **Knoblauchzehe**

3 **Tomaten**

1 EL **Butter**

3 EL **Olivenöl**

Salz · **Pfeffer** aus der Mühle

½ Bund **Rucola**

60 g **Walnusskerne**

150 g **Sahne**

400 g **Farfalle**

40 g frisch geriebener **Parmesan**

Zubereitung
FÜR 4 PERSONEN

1 Die Chilischote längs halbieren, entkernen, waschen und in feinste Würfel schneiden. Die Zwiebel und die Knoblauchzehe schälen und fein hacken.

2 Die Tomaten überbrühen, häuten, entkernen und in kleine Würfel schneiden. Butter und Öl erhitzen, Chili, Zwiebeln und Knoblauch darin andünsten. Die Tomatenwürfel dazugeben und kurz mitdünsten. Mit Salz und Pfeffer abschmecken.

3 Rucola verlesen, waschen und trockenschütteln. Einige Blätter für die Deko beiseite legen, den Rest fein hacken.

4 Die Hälfte der Walnüsse fein hacken und mit der Sahne unter die Zwiebel-Tomaten-Mischung rühren. Kurz erhitzen und die Sauce mit Salz und Pfeffer abschmecken.

5 Die Farfalle nach Packungsanweisung in reichlich kochendem Salzwasser bissfest garen, in ein Sieb abgießen und abtropfen lassen.

6 Farfalle mit der Sauce mischen, auf Tellern anrichten und mit dem Parmesan bestreuen. Mit den restlichen Walnüssen und Rucolablättern garniert servieren.

Spaghetti mit grünem Spargel

Kleiner Aufwand, große Wirkung: Mit grünem Spargel in sahniger Sauce können Sie schnell und unkompliziert nicht nur Ihre Gäste verwöhnen

Zutaten

1 kg grüner **Spargel**

2 **Schalotten**

400 g **Spaghetti**

Salz

2 EL **Butter**

200 ml **Gemüsebrühe**

200 g **Mascarpone**

Pfeffer aus der Mühle

1 Kästchen **Kresse**

Zubereitung

FÜR 4 PERSONEN

1 Den Spargel waschen, im unteren Drittel schälen und in etwa 4 cm lange Stücke schneiden. Die Schalotten schälen und fein hacken.

2 Die Spaghetti nach Packungsanweisung in reichlich kochendem Salzwasser bissfest garen.

3 Inzwischen die Butter in einem Topf erhitzen und die Schalotten darin glasig dünsten. Den Spargel dazugeben und kurz mitdünsten. Die Gemüsebrühe angießen und den Mascarpone unterrühren. Etwa 10 Minuten köcheln lassen, mit Salz und Pfeffer würzen.

4 Die Spaghetti in ein Sieb abgießen, abtropfen lassen und mit der Sauce mischen.

5 Die Kresse abbrausen, die Blättchen abschneiden und untermischen oder als Sträußchen garnieren.

Den Mascarpone kann man durch Doppelrahmfrischkäse ersetzen. Zusätzliche Würze bekommmt die Sauce, wenn Sie Frischkäse mit Kräutern, schwarzem Pfeffer oder Meerrettich verwenden.

Tagliatelle
mit Pilzen und Rucola

Zubereitung
FÜR 4 PERSONEN

1 Rucola verlesen, waschen und trockenschütteln. Die Knoblauchzehe schälen. Rucola, Knoblauch, Basilikumblätter, Pinienkerne und geriebenen Parmesan im Blitzhacker oder mit dem Stabmixer pürieren. Etwa 100 ml Öl untermischen und das Pesto mit Salz und Pfeffer abschmecken.

2 Die Champignons putzen und in Scheiben schneiden. Pilze im restlichen Öl scharf anbraten, mit Salz, Pfeffer und Zitronensaft würzen.

3 Die Tagliatelle nach Packungsanweisung in reichlich kochendem Salzwasser bissfest garen. In ein Sieb abgießen, dabei etwa 4 EL Kochwasser zurückbehalten, und gut abtropfen lassen.

4 Das Pesto mit dem Nudelwasser glatt rühren, mit den Pilzen unter die Tagliatelle mischen und auf vorgewärmten Tellern anrichten. Den Parmesan mit dem Sparschäler darüber hobeln.

Zutaten

1 Bund **Rucola**

1 **Knoblauchzehe**

½ Bund **Basilikum**

50 g **Pinienkerne**

50 g frisch geriebener **Parmesan**

125 ml **Olivenöl**

Salz · **Pfeffer** aus der Mühle

150 g **Champignons**

1 EL **Zitronensaft**

350 g **Tagliatelle**

50 g **Parmesan** (am Stück)

Zutaten

250 g frische, dicke grüne **Bohnenkerne**

2 EL **Zitronensaft**

Salz · **Pfeffer** aus der Mühle

50 ml **Olivenöl**

2 dünne Stangen **Lauch**

2 EL **Butter**

1 Streifen unbehandelte **Zitronenschale**

einige Blättchen **Zitronenmelisse**

400 g **Fusilli**

Fusilli mit dicken Bohnen

Zubereitung

FÜR 4 PERSONEN

1 Bohnenkerne in Salzwasser 3 Minuten blanchieren, in ein Sieb abgießen und gut abtropfen lassen. Zitronensaft, Salz, Pfeffer und Öl miteinander verrühren und die Bohnen darin marinieren.

2 Den Lauch putzen, waschen und in etwa 1 cm breite Ringe schneiden. Die Butter in einem Topf erhitzen und den Lauch darin andünsten. Salzen, pfeffern, 100 ml Wasser angießen und zugedeckt 5 Minuten garen.

3 Die gewaschene Zitronenschale in feine Streifen schneiden. Die Zitronenmelisseblättchen waschen, trockentupfen und fein hacken.

4 Die Fusilli nach Packungsanweisung in reichlich kochendem Salzwasser bissfest garen, abgießen und abtropfen lassen. Fusilli mit Bohnen und Marinade, Lauch und Zitronenmelisse mischen und auf vorgewärmten Tellern anrichten. Mit der Zitronenschale bestreut servieren.

Überbackene Aubergine
mit Spaghetti

Verführung für den Gaumen: Die saftigen Gemüsescheiben mit ihrer würzigen Bergkäse-Kräuter-Kruste stehlen den Spaghetti fast die Show

Zutaten

1 große **Aubergine** (ca. 500 g)

1 TL **Zitronensaft**

½ TL **Kräutersalz**

75 g **Bergkäse**

1 kleine **Zwiebel**

2 **Knoblauchzehen**

je 2 Stiele **Basilikum** und **Oregano**

Pfeffer aus der Mühle

Fett für die Form

2 **Tomaten**

300 g **Spaghetti**

Zubereitung

FÜR 4 PERSONEN

1 Die Aubergine putzen, waschen und quer in 8 etwa 2 cm dicke Scheiben schneiden, mit Zitronensaft beträufeln und mit Kräutersalz bestreuen. Die Auberginenscheiben in Frischhaltefolie gewickelt etwa 30 Minuten ziehen lassen.

2 Den Backofen auf 180 °C vorheizen. Den Bergkäse grob reiben. Zwiebel und Knoblauchzehen schälen, beides in feine Würfel schneiden. Die Kräuter waschen und trockenschütteln, die Blätter fein hacken und mit Zwiebeln, Knoblauch und Käse vermischen.

3 Die Auberginenscheiben mit Küchenpapier trockentupfen, mit Pfeffer bestreuen und nebeneinander in eine leicht gefettete ofenfeste Form legen. Die Tomaten waschen, jeweils in vier Scheiben schneiden und auf die Auberginen legen. Gleichmäßig mit der Bergkäse-Kräuter-Masse bedecken und im Backofen auf der mittleren Schiene 25 bis 30 Minuten überbacken.

4 Währenddessen die Spaghetti nach Packungsanweisung in reichlich kochendem Salzwasser bissfest garen. Abgießen, abtropfen lassen und mit den Auberginen anrichten.

Die gegarten Spaghetti kann man zu kleinen Nestern aufdrehen und auf vorgewärmte Teller setzen. Die gratinierten Gemüsescheiben darauf platzieren und mit Kapuzinerkresseblüten garnieren.

Spaghetti mit Garnelen und Tomaten

Da werden mediterrane Träume wahr: Mit Tintenfisch, Sardellen und Knoblauch schmeckt die Pasta nach Italien und Mittelmeer

Zutaten

8 eingelegte **Artischockenherzen**

4 große **Tomaten**

250 g **Garnelen** (küchenfertig)

3 **Frühlingszwiebeln**

400 g **Spaghetti** · **Salz**

2 EL **Olivenöl**

100 ml trockener **Sherry**

200 g **Sahne**

2 EL eingelegte grüne **Pfefferkörner**

1 Msp. **Cayennepfeffer**

Estragonblätter zum Garnieren

Zubereitung

FÜR 4 PERSONEN

1 Die Artischockenherzen auf Küchenpapier abtropfen lassen und der Länge nach vierteln. Die Tomaten überbrühen, häuten, entkernen und in kleine Würfel schneiden.

2 Die Garnelen abspülen und trockentupfen. Die Frühlingszwiebeln putzen, waschen und in feine Ringe schneiden.

3 Die Spaghetti nach Packungsanweisung in reichlich kochendem Salzwasser bissfest garen.

4 Inzwischen das Öl in einer breiten Pfanne erhitzen und die Zwiebeln darin weich dünsten. Die Garnelen und die Artischocken dazugeben und kurz mitbraten. Die Tomatenwürfel hinzufügen und ebenfalls kurz mitgaren.

5 Den Sherry, die Sahne und den grünen Pfeffer unter die Sauce mischen. Mit Salz und Cayennepfeffer kräftig würzen.

6 Die Spaghetti in ein Sieb abgießen und abtropfen lassen. Mit der Sauce anrichten, mit Estragonblättern garnieren.

Muschelnudeln
mit Lauch und Lachskaviar

Zubereitung
FÜR 4 PERSONEN

1 Den Lauch putzen und waschen. Die Stangen der Länge nach vierteln und schräg in Streifen schneiden.

2 Das Öl mit der Butter in einem Topf erhitzen, die Lauchstreifen darin bei schwacher Hitze andünsten. Die Knoblauchzehen schälen und dazupressen. Mit Weißwein ablöschen, dann die Geflügelbrühe angießen und aufkochen. Crème fraîche unterrühren und mit Salz und Pfeffer würzen. 10 Minuten sanft köcheln lassen.

3 Die Nudeln nach Packungsanweisung in reichlich kochendem Salzwasser bissfest garen. In ein Sieb abgießen und abtropfen lassen. Mit der Sauce auf Tellern anrichten und mit dem Keta-Kaviar garnieren.

Zutaten

3 Stangen **Lauch** (600 g)

1 EL **Olivenöl**

2 EL **Butter**

2 **Knoblauchzehen**

100 ml **Weißwein**

200 ml **Geflügelbrühe**

150 g **Crème fraîche**

Salz · **Pfeffer** aus der Mühle

400 g **Conchiglie** (Muschelnudeln)

30 g **Keta-Kaviar**

Zutaten

500 g frische **Tortellini**
mit Spinatfüllung (aus dem Kühlregal)
Salz
1 Glas eingelegte **Artischockenherzen**
(400 g Abtropfgewicht)
1 Bund **Basilikum**
200 g **Sahne**
200 g **Sahnegorgonzola**
Pfeffer aus der Mühle

Tortellini mit Artischocken

Zubereitung
FÜR 4 PERSONEN

1 Die Tortellini nach Packungsanweisung in reichlich kochendem Salzwasser bissfest garen. In ein Sieb abgießen und gut abtropfen lassen.

2 Die Artischockenherzen abtropfen lassen und der Länge nach vierteln. Das Basilikum waschen und trockenschütteln. Die Blätter von den Stielen zupfen und für die Deko beiseite legen.

3 Die Sahne in einem Topf aufkochen, den Gorgonzola in Würfel schneiden, zur Sahne geben und unter Rühren schmelzen lassen.

4 Tortellini und Artischockenviertel zur Käsesauce geben, 5 Minuten darin ziehen lassen und mit Salz und Pfeffer abschmecken. Die Tortellini mit den Basilikumblättern garniert servieren.

Spaghetti mit Selleriesauce und Trüffeln

Da lacht das Feinschmeckerherz: Wer einmal frische Trüffeln gekostet hat, der wird dieses Geschmackserlebnis so schnell nicht vergessen

Zutaten

350 g **Knollensellerie**

2 **Knoblauchzehen**

1 EL **Butter** · 2 EL **Trüffelöl**

¼ l **Gemüsebrühe**

200 g **Sahne** · 1 EL **Crème fraîche**

Salz · **Pfeffer** aus der Mühle

frisch geriebene **Muskatnuss**

350 g **Spaghetti**

3 frische weiße **Trüffeln**

(ca. 1–2 g pro Person)

Zubereitung

FÜR 4 PERSONEN

1 Die Sellerieknolle schälen und auf der Küchenreibe grob raspeln. Die Knoblauchzehen schälen und fein hacken.

2 Die Butter mit dem Öl erhitzen, die Sellerieraspel und den gehackten Knoblauch darin andünsten.

3 Die Gemüsebrühe angießen und etwa 5 Minuten köcheln lassen. Dann die Sahne dazugeben und die Sauce weitere 5 Minuten offen kochen lassen. Die Crème fraîche einrühren und die Sauce mit Salz, Pfeffer und Muskatnuss abschmecken.

4 Die Spaghetti nach Packungsanweisung in reichlich kochendem Salzwasser bissfest garen. In ein Sieb abgießen und abtropfen lassen.

5 Spaghetti mit der Sellerie-Sahne-Sauce mischen und auf vorgewärmten Tellern verteilen. Weiße Trüffeln mit einem Trüffelhobel dünn darüber hobeln und mit frisch gemahlenem Pfeffer bestreut servieren.

Anstelle der frischen weißen Trüffeln kann man auch in Öl eingelegte Trüffeln verwenden. Man kann auch ganz darauf verzichten und etwas mehr vom sehr intensiv schmeckenden Trüffelöl nehmen.

SAP
inox

Rezeptregister

Impressum

1. Auflage 2003
ISBN 3-89883-057-8

Grafische Gestaltung: Georg Feigl, Verena Fleischmann, Barbara Markwitz
DTP: Katharina Wiethaus
Rezepte: ZS-Team
Redaktion: Beate Pfeiffer, Martina Solter, Kathrin Ullerich
Herstellung: Karin Mayer, Peter Karg-Cordes
Lithografie: inteca Media Service GmbH, Rosenheim
Druck & Bindung: Mohn Media · Mohndruck GmbH, Gütersloh

Besuchen Sie uns auch im Internet unter der Adresse
www.zsverlag.de

Bildnachweis

Umschlagfotos Vorder- und Rückseite: StockFood/Susie Eising

Walter Cimbal: 139, 143, 145, 149, 157; Food Photographie Eising: 7 (3), 43, 45, 47, 51, 151, 173, 177, 180; Jo Kirchherr: 96, 97; Stockfood/Steve Baxter: 115; Stockfood/Uwe Bender: 55, 85, 99, 107, 131; Stockfood/Harry Bischof: 117; Stockfood/Michael Boyny: 59, 113; Stockfood/Michael Brauner: 49; Stockfood/Caggiano Photographie: 30, 147; Stockfood/James Carrier: 27; Stockfood/Jean Cazals: 67, 75, 127, 181; Stockfood/Achim Daimling-Ostrinski: 122; Stockfood/Pete A. Eising: 152; Stockfood/S. & P. Eising: 7 (7), 8 (1), 9 (1, 7), 18, 24, 56, 77, 95, 130, 163, 165, 183, 189; Stockfood Susie Eising: 2–3, 4–5, 6 (1), 7 (4, 5), 9 (3, 5, 6), 10, 11, 15, 17, 19, 21, 23, 24, 25, 29, 33, 35, 39, 48, 53, 57, 65, 69, 70, 71, 73, 76, 79, 81, 82, 83, 87, 90, 91, 93, 103, 105, 109, 110, 111, 119, 121, 123, 125, 129, 133, 135, 141, 144, 155, 159, 160, 161, 169, 171, 174, 175, 179, 185, 186, 187; Stockfood/Renato Marcialis: 61; Stockfood/Karl Newedel: 7 (6); Stockfood/Walter Pfisterer: 8 (links), 9 (4); Stockfood/Martina Urban: 31; Stockfood/Wolfgang Usbeck: 6 (links); Stockfood/Elizabeth Watt: 36, 37, 89; Stockfood/Frank Wieder: 153; Stockfood/Verlag Zabert Sandmann: 7 (2)